于為暢

著

# 一人創富

## 推動財富飛輪
## 創造個人自由

獻給親愛的老婆和女兒
每天一起吃飯散步玩桌遊，就是我人生最大的富足

# 好評推薦

以終為始，為暢總能做出最佳詮釋與行動方案。

提早退休、知識型創作、網路變現、成為更好的自己、FIRE……無論是網路時尚名詞，或是知道卻不容易做到的概念，他皆能透過簡單易行的行動方案，輔以從生命中摸索出的道理與心法，持續自律的產出大量作品。藉由本書，分享人生創富的心態準則。

為暢在小池塘裡當大魚，透過小規模創業，最終成為服務眾人、利他又利己的標竿！

—— 謝文憲（講師、作家、主持人）

# 學習心法和操作過程的創富指南

Emily（空姐報報 EmilyPost 版主）

能幫暢哥寫推薦序真的很開心，因為他是我做個人品牌的啟蒙老師。

我那時剛開部落格，不知道該怎麼下手，上完老師的課才有明確方向和方法。我開始持續創作，寫大量的文章，養成每日更新粉絲團的習慣，每天都把「分享」當成最重要的事，一直堅持了七年多，直到現在，我一樣還是這麼做。我一邊做正職（空服員），一邊做自媒體，常常累得半死、分身乏術，但也幫我增加優渥的第二份收入。

我之所以能夠毅然決然離職，就是因為我先幫自己創造了一個舞台，印證了暢哥書中這句「先證明自己的能力可以，再去證明自己可以做到」。

全職經營自媒體雖然每個月不會有人發薪水給你，收入可能也

不穩定，但我選擇相信自己，繼續往前衝，做自己充滿熱情的事，也能夠幫自己創造更多財富。

二○二○年我報名暢哥「個人品牌大帝國」的終極課程，我給自己定下一個目標，未來年收入要在兩千萬以上 —— 是當時我們班同學之中心臟最大顆、把目標訂最高的人！

但我相信我做得到，也正在實現的路上了。

《一人創富》的核心就是：知道該怎麼賺錢，並且賺更多錢。這是一本可以同時學習心法和操作過程的創富指南。從心態建立、提升自我、到完全掌控自己的生財能力，每一個步驟都很關鍵。

讓我們一起幫自己開創 "Work less, make more." 的未來吧。

**只有讓自己優秀起來，變得更強大，你才能成為你想成為的人！**

# 讀思想家寫的書，
# 飽覽矽谷思想家的新思維

Mr.6 劉威麟（作家、網路趨勢觀察家、英雄爸爸公司創辦人、
史丹佛大學雙碩士）


二十一世紀，由一場網路泡沫化的經濟蕭條所開啟，卻沒有阻撓更多新創公司如雨後春筍般破土而出。一群年輕菁英紛紛離開原本設定的職涯，來到「網路」的大草原奔跑。這片大草原沒有軌道，遍地都是養分 —— 我就是在那個時刻，來到距離台灣最高學府不到十分鐘車程的某家咖啡廳，和為暢兄見了第一次面。

第一次見面我們就相談甚歡，因為我們都是曾待過加拿大的小留學生，網路更將我們緊緊攬在一起。網路充滿了無限可能，所有產業、所有商務，在網路上彷彿都可以想出一個全新的點子來完全取代，每個點子聽起來都那麼有說服力，好像這世界可因我們的行動而改變。我們「誰也不怕誰」，因為在那個年代，最快的成功方式已經不是誰踩誰頭上，而是如何將計畫化為行動，先一步做出來 —— Airbnb、Twitter、Pinterest、Snap、Uber……那些點子就在我們眼前活生生的冒出來，搖身

一變成為價值幾十億、幾百億的公司。

大家都很懷念那個年代。尤其後來，科技的 stack（層）大致已經形成並固定，大者恆大，不易再被新創公司大規模翻轉或破壞。不過，從矽谷開始，卻出現更多值得我們追尋的東西，那就是 ——「思想家」（thinkers）。

跟遠古時代的蘇格拉底、笛卡兒、尼采這些思想家有點不一樣，二十一世紀的思想家大多是當年的科技創業家，他們因為投資，或先創業再投資，或先投資再創業又再投資……總之，他們如今家財萬貫、手上持有數間公司，還是暢銷作家，擁有某個推特帳號或 Podcast，被幾百萬個全球菁英密切追蹤。他們常常發表非常有智慧的「新理論」，大家最有興趣的，早已不是為什麼人類不能上太空？為什麼車子不能自動駕駛？而是 —— 為什麼要照三餐吃飯？為什麼要連續睡八個小時？為什麼一週上班五天？為什麼基本教育要十二年？他們成為「人生駭客」（life hacker），第一個要「駭」的就是自己的人生，拿自己當作實驗品。

為暢兄平時就很愛講這些人，包括這本書提到的莫伊茲・阿里（Moiz Ali）的「金錢與情緒之關係論」、謝恩・梅洛（Shane Melaugh）的「虛榮指數」、以及凱文・凱利（Kevin Kelly）

的「一千鐵粉」……都是矽谷思想家的思考軌跡。

可惜，這樣子的思想家，因為某些不明原因，在台灣並不多見。事實上，如果自己沒有創見，又怎麼能「用思想家的方式思考」呢？能詮釋這些思想家的心聲的人，肯定自己也是位思想家！我很開心，為暢兄在國內已成為極少數這類思想家的角色，透過他的引介及分析，台灣讀者們得以和國外思想家們建立同步的連結。為暢兄所結合的又不只是這些最新的思想家，也包括一些正統的如美國公司洛克希德‧馬丁所研發的精簡版「六標準差」的 PICK 框架等。這也是本書《一人創富》最大的驚喜收穫。

玩過網路事業的人，心裡常常沒有一定的對或錯。我在兩年前離婚，如今賣掉公司，獨自在家照顧兩個孩子。大家都為我感到傷心，但我居然還有一點點「洋洋自得」──「（離婚）還真是趕上流行啊！」我進入了沒人想經歷的離婚體驗，但我就用「離婚」搞了一間新創公司，也像這些矽谷思想家那樣子的質問：「誰說人要結婚？誰說人不能離婚？」

像我們這樣的人，一輩子都拿自己當實驗品。不過，我們也要慶幸，若不是身在這個屬於我們的大時代，我們也無從這麼的放肆。你說，是不是？

# 創業、創作、創富

每個人都有創業夢，但只有少數人認真去實現。我看過許多創業家朋友日以繼夜的衝刺事業，表面上成功，背後卻犧牲了家庭和健康，錯過了許多人生不可逆的光景。我不禁好奇「創業成功」是否只有一種既定的方向，雇用更多人、增加更多客戶，逼你越來越忙，忙到沒有時間停下來思考「富有」的真正意義。

很多人在追求「財富自由」的路上並不自由，本末倒置，被老闆、主管、員工、客戶推著走，這樣的隨波逐流也許換得別人口中的「財富」，但這樣的富有定義是否太狹隘了？這頭你雖賺到了錢，卻也失去其他更珍貴的東西，這樣的「富」算是完整的嗎？

我們都必須承認，在一定的程度下，金錢（money）和財富（wealth）是成正相關的。「有錢」是富足的必要條件之一，讓人生豐盛的重要一塊。有錢能解決很多煩惱，消除許多不快

樂，讓心回復平靜，才有能力享受各種生活美好。「賺錢」更是一種人人可培養的能力，掌握以後處處是商機。不過，賺錢的方法這麼多，哪一種才最有效率，得以確保人生平衡的發展，讓你在創業路上可以將犧牲降到最小，又可通往財富之路呢？我在經歷過各種嘗試後，得出的答案是**創作**。

創作的英文是 "to create"，不一定是像我這樣寫文章、寫書，也可以是寫程式、繪畫、建築、雕刻、烹飪……任何動手創造出來的作品都叫創作。創作本身是一段自我享受的過程，你在某項事物上注入熱情，精益求精，大方分享，幫助其他人走你走過的路。只要你堅持得夠久，作品質量會提升，隨之而來的是粉絲的信任，在此奠定全面性的財富創造，並同時享受人生的各種可能性。「創富」若用英文來說，就是 create wealth，第一步當然是賺錢。我認為每個人都應該**訓練自己的生財能力**，有了魚竿，就不怕世界如何變化。

本書會講到我對財富自由（FIRE）的看法，為什麼你現在就應該退休，去做自己喜歡做的事。另外，為什麼越花錢會越有錢，不要存錢或省錢。很多看似違反常理，卻是我化繁為簡後的理財和投資觀念。

個人以為，在生活無虞的條件下，每天的時間都應該花在你喜

歡的事物上；你能控制收入的多寡，想賺錢就有，想休息就放空，這種自由擁有人生的掌控權才叫富足。錢是賺不完的，既然賺不完，困難不在你賺多少，而在你賺多少才夠。一但達成那個數字，就可以去追求人生其他面向的富足，在這個「甜蜜點」上，你才可以看清楚，如何達到外在和內在愉悅的和諧，獲得身心最大的滿足。

本書原本想命名為「一人致富」，但我覺得「致富」這兩字太沉重，對於金錢的著墨太深。我真正想透過本書表達的是**創造財富的過程，而非結果**。每個人對富足的定義不大一樣，因而創造的方向不同。對我而言，年收入數百萬，每天熱衷於創作，教導更多人如何踏實逐夢，享受與家人之間的日常小事，就是我所追求、並已實現的富足生活。我期待本書能讓更多人檢視自己對於金錢、自由、工作及生活的思維，嘗試建立一個人的事業帝國，在保有工作及生活平衡之餘，慢慢的創造財富，進而享受每一天的日常。

目錄 ........................................................................

## PART 3 掌控你的生財能力　　137

PART

4 正當的網路賺錢方式　199

# 創富的強韌心態

創富的第一件事
就是投資自己的腦袋，學會聰明消費，
賺越多，花越多，錢越多。

# 1
## 有錢人為何這麼想

如果你意外得到一大筆錢，假設是一百萬台幣，你想做什麼？我猜有超過一半的人會選擇先還債，可能是學貸、房貸，欠廠商、欠朋友、欠家人的錢 —— 如果你也這麼想，你應該不是有錢人，因為你的錢被拿去解決一個一直存在的問題：你之所以會欠錢，就是因為花錢的習慣不好，才會陷入財務陷阱。所以當你有了錢，只是拿去「補洞」，去彌補曾經犯的錯。你的思維若不改變，治標不治本，給你再多錢也是拿去補洞。

講到這裡，你也許不同意：自己並不是容易欠債的個性，只是有房貸要還 —— 但這也不是有錢人的作法。會選擇先還債的人，多數對自己賺錢的能力不夠有信心，不然你也不會打保守牌。這其實跟賭博一樣，你多了籌碼，是要補洞、留一手？還是要加碼？

一般或窮人家出身的人，包括我，多數人的傳統價值觀是賺多少就花多少，按比例花錢。當我們意外得到一大筆錢，我們會

「按比例」花錢，可能是買一些原本就想買的奢侈品，可能只有少部分的錢拿去做投資，讓這筆意外之財繼續生財。

我年輕時想買電腦，會去光華商場或 Nova 逛街，拿各家的傳單去比價，從機殼、電源、CPU、硬碟、RAM……全部追求 CP 值最高的，然後拼裝成一台電腦。有時，不同品牌的硬體會互斥，我又必須拿去換貨，然後不斷測試 —— 我是省下不少錢沒錯，但也花了很多時間。後來長大，比較有點錢，就會把「組電腦」這件事外包給一個年輕朋友，讓他賺一成的利潤；他賺一點錢，我省一點錢和全部的組裝時間。我的思維隨著賺錢能力提升而有所改變，開始了解到「時間重於金錢」。但了解歸了解，不一定所有事情都能像組裝電腦判斷得如此清楚。

再例如：買機票。同一天出發、同一天抵達的機票，「紅眼班機」（半夜起飛的班機）比正常時間的機票便宜 3,000 元，因此幾年前的我都傾向買便宜的票，特別是乘以一家三口的話，這樣可以省下 9,000 元。笨蛋才買正常票價。

然而，搭了幾次「紅眼班機」後，我發現一件事：前一晚若沒有正常睡眠，到了當地以後第一天就沒精神玩；又或者是回程早上七點的班機，你必須多付一晚的飯店錢，而且早上五點就

要 Check out。你以為自己省下了 3,000 元，但付出的精神和其他隱形成本，反而更划不來。只要一晚睡不好，隔天精神就不好，精神不好的狀況下，很可能會發生其他意外，出現額外的費用。我學到了，該花的錢就要花，也算是一種避險。

說到坐飛機，另一種極端是願意花兩倍、三倍票價坐頭等艙的人。年輕的我覺得那些人都很笨，同樣是把人運到目的地，為何要多付那麼多錢？但漸漸的，每當我登機時經過商務艙，都不禁會去看看哪些人願意花兩倍的錢，只求換得舒服一點的位子；還有更重要的一個問題，他們為什麼願意？如果坐頭等艙的人是有錢人，**這些有錢人在想什麼？**因為位子寬？因為餐點更好？因為尊榮感？還是因為可以提早登機、提早下機、提早拿行李？我們不該以自己既有的了解去評斷他們，而是應該去想為何他們選擇這樣做。

窮人的主要思維模式，就是會從窮的角度出發去想事情，甚至以此評判那些有錢人的行為，讓自己心裡好過一點。但有句話說：「貧窮限制了你的想像。」因為有錢才知道有錢的好，當你的眼界不到，體驗不夠，基本上很難擁有富人的心態。

然而，「我們不會成為我們不想要成為的人，我們只會成為我們想要成為的人。」這句話不是繞口令，而是你的過去、現在

及未來都是你自己創造出來的。如果你仇富，你就不可能變富有；**如果你沒有嘗試突破想像，你就永遠被困在窮人思維裡。**

我看到很多人手頭並沒有錢，但如果他看到有錢人的消費習慣跟他不同，他們就會說：「如果我有錢的話，我**絕對不會⋯⋯**」──這樣的思考方式是不對的。比較好的心態是：如果我有錢，我先跟上有錢人的想法；跟上後若不喜歡，我再決定要不要這麼做。而不是先預想你不會做，自我安慰說那可以不必賺錢了。

也許我們現階段沒有錢，但我們可以培養同理心，去同理那些有錢人。當思維模式慢慢接近，行為也會慢慢接近，最後銀行帳戶的數字也會更接近。這一切都是從這個重要的問題開始：「有錢人為何這麼想？」

找幾個你羨慕他的生活的人、你未來想成為的人，儘量想辦法知道他們對於花錢的想法，包括他們如何理財、每月開支比例，為什麼買一些「你認為沒必要」的東西，背後的原因是什麼（絕對不只是他們有錢所以亂買）？從中取得他們的消費動機、思想脈絡，就像窮人拿到錢會先還債一樣，有錢人首先會想什麼？把什麼擺在重要、優先的位置？財富分配的架構和策略是什麼。雖然，每個人追求的理想不一樣，多數是因為你看

到了一些典範，很羨慕他們，默默的把他們的樣子記在心中，想要成為他們的樣子。如果有一天你想致富，就要先看透有錢人的思考模式，再融入到自己的思想中，這將會是一個非常好的開始。你即將開始走上富有之路。

# 2
## 窮人心態 vs. 富人心態

女兒十歲生日的時候，我幫她在郵局開了一個帳戶，當做其中一份送她的禮物，這樣她每年的壓歲錢就可存在自己的帳戶裡，而不是兒時的玩具存錢筒了。不過，除了存摺簿和裡面的數字，我更想送她的是正確的金錢觀。

我們常聽到「有錢的人都是壞蛋」「無商不奸」「金錢是萬惡之源」等醜化金錢和富人的詞句，我一開始對金錢的觀念就是這些來自「窮人」的意見，但也是最糟糕的來源。這些窮人除了口袋窮、心態也窮（有因必有果），他們還很常上網留言，針對知名人士酸言酸語。然而，前面提過，**凡仇富必不會富**，所以首先要避免的就是聽信外面窮人的想法。如果你覺得要壞一點、狠一點、或是什麼負面的人格特質才會有錢 —— 這完全是錯的，你不會變有錢。

你要能清楚分辨，這些詞句只是窮人、懶人、不知進取的人一再灌輸的想法，像是一種安撫劑，注射在他們的血液裡，想

讓他們舒服好過一點。有錢人是「好人」居多，還是「壞人」居多，就我所見其實是前者。電影《寄生上流》有句台詞很有名：「有錢的話，我也會很善良。」我解讀為：**金錢反而會使人向善，而不是向惡。**

第二個金錢觀，是來自原生家庭。窮人家的小孩很常聽到一句話：「這太貴了，我們買不起。」久而久之，他們把「我們家很窮」當成事實，甚至一輩子都不會改變。不過，有錢人家的小孩，父母不會這樣說，他們可能會說：「這東西我們目前還不需要。」或是「我們不如自己做。」總之，他們的回應都不會提到「沒錢」「窮」「買不起」這幾個關鍵字，讓小孩覺得父母無能，家裡沒有錢。即使是反映事實，窮人家父母也沒有說謊，但無心之中就把「窮人心態」傳給下一代了。

「窮人心態」也不是不好，好處是飯會儘量吃完，也不會一有幾個錢就覺得自己很了不起，因為沒有享受過有錢的感覺而大聲嚷嚷；還有，就是買東西會對價格敏感，我自己也是，百萬以內就有好車子，為何要花二～三倍的錢只為了買雙 B ？窮人家庭出生如我，無法避免的會以價格考量為一大因素，這種觀念根深蒂固，幾乎無法動搖，就算哪天我變有錢了，還是會免不了去看價格 —— 這不算壞事。我相信「窮富要均衡」，當你有錢之後，應該還要擁有一些窮人心態，盡可能控制欲望，同

時節能環保救地球。多數人喊沒錢，則更應該拿出富人心態，努力分享，積極投資，列出自己的欲望，當做是努力的目標。

我很愛花錢，精確來說是想買什麼就買什麼，「擁有」大過「使用」，有時買到連我自己都產生罪惡感，覺得自己物慾太強了。我會列一個清單，寫下所有我想買的東西，包括：3C產品、家電、家具、遊戲等，然後一條一條的槓掉它。也許是吸引力法則，被槓掉只是時間問題。如果讓我們用最俗氣的方式來衡量財富，這代表有錢嗎？

我一直認為「錢」是有約束功能的，它會讓你變得更積極、更懂得珍惜。舉例來說，網路上有許多免費的筆記軟體，像是Evernote、Notion，甚至 Google Keep，但為什麼我要花五百美金買 Roam 五年？因為我知道這錢花下去，我使用它的頻率會變高，促進我的生產力。因為我花了錢，錢約束了我，而且成本越高，約束力越強。我記得有個網站會請你先付一筆錢當「押金」，如果你成功達成目標（例如減重、寫作），它才會退你錢。人們為了不浪費錢，讓自己更自律，提升目標達成率，如此一來，你說「花錢」是不是好棒棒呢？

你也許會問，我們買了很多書或課程都沒在看，或是買了很多商品都沒在用啊！我家裡堆了很多買來但還沒開箱、或僅用過

一兩次就丟在一旁的東西，但是手卻又再次「滑」了一下，螢幕就跳出「訂單已成立，感謝您的購買」—— 我的解釋是因為成本太低。當然，也是有例外，很多人花十幾萬買 Osim 按摩椅或跑步機，但到最後只變成大型衣架。錢有很多種功能，除了買東西，享受物質上的爽感，在心情上也是安全感的來源，但我認為「給他魚吃，不如教他釣魚」，**真正重要的不是守成，而是開創**。富人心態的重點不在於怎麼花，怎麼省，而是**怎麼賺**。一個會釣魚的人，他有隨時可以維生的技能，這才叫安全感。擁有賺錢的能力，比你擁有多少錢來得重要。

所幸，「賺錢」是一項人人都可學會的技能。所謂技能，是需要的時候才學得好。人家為何說「富不過三代」，因為到了第三代，第一代的賺錢能力沒有被傳承下來，所以社會上才會出現一種情況，就是富人的小孩比較不會賺錢 —— 因為比較不需要 —— 而窮人的小孩比較有商業頭腦。重點來了，如果你是第一代，你有賺錢的能力，但小孩可能不如你，因為他只要當靠爸族就好，但是「賺錢能力」才是魚竿，所以做家長的必須傳授給小孩。我們面臨的挑戰是：不管有沒有錢，如何讓孩子感到「自己賺錢」的需要，而願意主動去學習賺錢的技能。

**賺越多，花越多，錢越來越少＝盲目消費**
**賺越多，花越多，錢越來越多＝聰明消費**

「錢會越花越多」這句話在字面上是矛盾的，但實際上這指的是「捨得」，錢捨得出去，才會有更多錢進來；不要當守財奴，要讓錢流動。窮人心態會問：那錢沒流回來怎麼辦？

對啊，怎麼辦？⋯⋯只能再去釣魚囉。**反正魚又釣不完。**

# 3

## 金錢遊戲的
## 進攻與防守

看東京奧運令我感觸良多，從運動員的身上更得到許多啟發。
其中一個關於獎金的問題有很多人討論：「奧運金牌得主可以
拿到 2,000 萬，應該是要一次全領，還是每月領 12.5 萬？」

這真是一個**好問題**啊！我的選擇是「一次全領」，以下理由供
大家參考。

第一點是從理論來看，經濟學課本有教「現值」（present value）
的觀念，今天的一塊錢比未來的一塊錢大，所以今天的 2,000
萬總價值會是最高的。物價會膨脹，月領 12.5 萬**現在**聽起來
很多，但這數字未來只會越來越不值錢。

根據維基百科：通貨膨脹率（inflation rate）為物價平均水準的
上升幅度，通貨膨脹率越高，貨幣購買力下降得越多。假設 $P_1$
為現今物價平均水準，$P_0$ 為去年的物價水準，年度通貨膨脹率

可計算為：通貨膨脹率＝（$P_1$ － $P_0$）／ $P_0$（％）。若從數據來看，台灣近五年的年通膨率約 1.2％，但考慮到全球經濟動盪，這個數字平均要抓 2 ～ 3％比較安全，也就是說月領 12.5萬 ×12 ＝每年 150 萬的收入，會以 2 ～ 3％的速度貶值。以數學或經濟學的角度來看的話，一次領 2,000 萬其實是比較好的選擇。

經濟只是副修，心理學才是我的主修。我以心理系的角度來看，一次拿 2,000 萬也是較好的選擇。假如金錢是一種競技比賽，分為進攻與防守，進攻就是盡可能得分，防守就是盡可能少失分；盡可能賺更多錢就是進攻，打安全牌就是防守。所以我認為這個問題分兩種流派，一次拿就是進攻派，分月領就是防守派。

多數人對於金錢遊戲，一向都是打安全牌，先求不失分，再找機會進攻，但懂運動比賽的人都知道，想贏得比賽，你不能一直防守，你再會防守，不會得分也只是拖延輸的時間。選手們要練習的心態和技巧，主要都屬於進攻技巧，防守好當然加分，但它的優先順序是在進攻之後。幾乎所有的職業運動，例如大聯盟、NBA 等球星都是以進攻技巧聞名，大谷翔平的進攻數據包括全壘打、打點、盜壘，柯瑞（Stephen Curry）的三分球、得分、助攻也是。如果這些明星的進攻很厲害，同時防

守也厲害，那當然是錦上添花。不過只要你進攻厲害，你的防守功力可以被容忍、甚至被忽視。

我們多數人都不是有錢人，從小到大被教育要「保護我們僅有的」，所以學校教的、爸媽叮嚀的、社會提倡的都是「小心花錢」「努力存錢」，灌輸的全是防守觀念，不是進攻所需的技巧、心態和觀念，所以我們終其一生，對金錢這場遊戲只求不失分，而非多得分。很多人其實不知道，金錢並不是零和遊戲，不是只有金銀銅牌有限的名額。**錢是賺不完的**，每個人都可以持續進攻，盡全力去得分，不一定會有輸家，或壓迫到別人的進攻空間。

很多人都有夢想，列出很多想做的事、想圓的夢，但多半都因為沒錢而作罷，因為你不敢進攻，只會防守。假設你有一個夢想，是去美國玩一個月，開車橫跨很多州，開到哪玩到哪，你經過精密的計算，這趟旅行需要五十萬台幣，你開始存錢，認真的人可能還會開一個帳戶，稱之「美國圓夢戶頭」，每個月存 5,000 元到這戶頭的話，你需要一百個月，也就是 8.33 年的時間。假設你現在四十歲，女兒十歲，八年後表示你接近五十歲，你女兒已經十八歲成年了。開車冒險需要精神、體力和反應，你的體力可能不行了，你的女兒也已經不是小孩了，這個夢雖然有機會實現，但它已經走味了。

或許，夢想也要有「現值」的概念，那就是**今天的快樂，會比未來的快樂更有價值**。

現在，你突然獲得 2,000 萬，你應該馬上、立刻花費五十萬去圓這個夢，不要再等，不要再打保守牌，人生目標清單（bucket list）不是列好玩的，是寫下來實現的。金錢如果能讓我們獲得更多的人生冒險、更多的難忘經驗，那就積極搶攻，不要當個明明有能力卻遲遲不行動的人。

當你的戶頭有了 2,000 萬，會感覺自己是有錢人了，想花什麼就花，想買什麼就買，只要做好適當的投資分配，就會生出新的財富。就算你現在沒有 2,000 萬，讓自己感覺像有錢人，對一個金錢遊戲的進攻好手也是很重要的，因為：

**有錢人的感覺 → 有錢人的心態 → 成為真正的有錢人**

窮人連作夢都不敢，但有錢人的夢可以很大。做夢是一種「願景的練習」（vision exercise），你現在已經是有錢人了，你會更懂得進攻，設定財務目標，用錢滾錢，投資自己和潛在的收入管道。而且金牌得主耶！你的名氣可以吃一輩子，還怕會沒有錢嗎？還需要打防守牌嗎？

以後你有機會得到金牌或 2,000 萬的時候，別忘了再來回顧一下這篇文章。

# 4
## 讓錢越花越多的
## 「聰明消費」

如何分辨盲目或聰明消費？理財書會告訴你「買的東西是不是資產？」如果是，那錢會生錢。例如：你買一棟房子，五年後房價上漲，你賣掉立刻賺錢。如果你把同樣的錢拿去買車子，新車一落地就折舊八成，除非你是開計程車，否則買車就不是聰明消費，因為它不會幫你生財。

理性來說，這樣的觀念是對的，但人不是、也不應該 100％ 理性。買車雖然不會生財，但可以生幸福、生和氣、生回憶、生快感，這些不只是能用錢衡量的感覺。要說花這些錢不會回本，只是「表面上」的不會回本，但你買車讓老婆開心 → 精神愉悅 → 對你更好 → 你心情愉悅 → 工作效率更高 → 賺更多錢，這樣一連串的連鎖反應也可能對你有所回報，從結果看來，錢仍會越來越多。買房子也是一樣，生小孩也是一樣，也就是說，花錢不能只看「直接」的結果，說不定「間接」的結果更好。

某位傳產董事長說，如果年輕人的薪水很低，不如不要儲蓄，把錢拿去交朋友、養人脈還比較實用。我自己的經驗是，交際應酬固然有幫助，但前提是你自己要有利用價值，你應該先花錢投資自己的技能，而非人脈，當你技能滿點，朋友自然會靠過來。我認為，聰明消費的第一個大原則，就是花錢去學東西，但不是每樣東西都權重相同。像我心中「學外語」的權重很大，大到應該比其他人更認真投資，例如花錢去國外住個幾年，狠狠的把外語學好。這過程當然會花很多錢，但人生很長，「錢」就是一種消耗品。前面不是說聰明消費＝買資產嗎？還有什麼資產比自己的頭腦來得重要呢？

花錢出國，不僅是學外語也是增廣見聞，我覺得這是筆好投資。但不是每個人都可以出去住一陣子，所以折衷的方式就是旅行，至少有短暫的停留效果。我們聽過很多創業家的故事，都是去什麼印度、非洲一趟大旅行後，就決定人生志向之類的，國外大學生很流行的 Gap Year 也是這樣，因為一旦出社會後，就不太適合在國外 long stay。我認為 Gap Year 是一項絕佳的投資，花錢去找到人生未來的志向，去探索外在及內在的未知。你現在花的二十萬，未來會幫你帶來十倍或百倍以上的報酬，而且這筆錢越年輕花越划算（在安全的前提下），因為你的「報酬期」越長。你二十歲就學會英文，比四十歲才學會英文，整整多了二十年的報酬期 —— 不僅是學英文，也適用於

學習其他東西。所以再強調一次，聰明消費的 No.1 就是「花錢學習重要的事」。

投資自己的腦袋是最好的投資。扣掉這項，我認為第二個該花錢的地方就是「開創事業」，這一樣是為了未來著想。假設我們的目的是要越老越輕鬆，但越賺越多錢，也就是 "Work Less, Make More."，那就不可能只是當個上班族。有錢能使鬼推磨，也能推動「賺錢的飛輪」，大家都想賺大錢，但只有勇敢的創業家敢先投資自己這麼做，買一個尚未實現的夢想。

素食連鎖餐廳「得來素」兩位創辦人原本都不吃素，但為了解素食者在想什麼、重視什麼，他們都改吃素。同理可證，如果你想賣名車給有錢人，你自己要先開過名車，不管你想賣什麼，都要先知道目標客戶的需求。所以花錢買「奢侈品」真的是浪費錢嗎？不一定，你也可以當作考察，去研究奢侈品怎麼賣，**有錢人是怎麼想的**？我們把這概念再放大一百倍，可以說我們花錢買東西，除了買到商品本身，也買到「如何賣東西」的商業思維。當然，你可能會說並不是每個人都要從商（雖然我覺得最終結果都是），但我真的認為，「花錢」買你「想要的」沒有不好，如果你會賺錢，欲望就是你的動力。花錢滿足欲望，另一個欲望浮起，再花錢把它消滅，說不定你還真的會「越花越有錢」。如果錢是一種流動的能量，那你是否釋出越

多，得到更多呢？就好比你對別人說好話，別人也會加倍的稱讚你。我再覆述一次：「貧窮限制了你的想像。」如果花錢能讓你體驗人生，滿足各種想像，一旦想像力和創意越好，也會反映到工作上，間接的賺到更多錢。

壞循環反而是：小器、守財奴，錢像一灘死水留在身邊，流不出去，也流不進來。「窮人心態」適度就好，人越小器反而會越窮，越窮就越捨不得花錢，進入負的循環。很多人說，就是沒錢啊，哪有多餘的錢可花？我說，這就是太缺乏**想像力**，人生經驗太少，視野太狹窄，並且把欲望壓下去，心如止水，告訴自己不要「亂花錢」。誠如我前面所說，對「亂花」的定義太表層，只等於「無法直接回報」，而忽略了另一種「間接回報」的可能，但後者往往是你由負轉正的關鍵。

尊重錢，但不要過度看重錢。多數的消費行為都是好的，因此可以正面看待你所買的東西，也許是商品，也許是體驗。什麼樣的消費在我眼裡才是盲目消費的？第一、買到不道德的東西；第二、買到錯誤的資訊，你卻深信不疑，讓你的人生走偏。所以，要睜大眼睛，多增廣見聞，「盲目」的人才會盲目消費。「聰明」的人，因為他聰明，能把每次的消費轉換成有用的經驗，他花錢同時也幫助另一個人賺錢，因此越花越多、生生不息。

# 5

## 花錢和記帳

有人請我推薦記帳軟體，我坦白跟她說，我沒有記帳習慣，所以只能轉述別人說哪款 app 還不錯。我不確定「金錢管理」和「記帳」的相關性多大，我不記帳就等於我不管理金錢嗎？那倒也不是。我還是會有意識的去管理、分配，而且我不太在乎這樣的管理是否一百分，人越老越不在乎。

大約我三十歲出頭時，曾經有很短暫的一段時間會記帳，但我很快就意識到「**記帳的壞處多過好處**」，所以我放棄了。我不記帳的原因有很多：第一、生活中可花錢的地方太多了，歸類要分得多細都可以，記得漂漂亮亮、整整齊齊，像是一個「記帳專家」 —— 但等等，成為記帳專家有什麼意義？應該是要成為「賺錢專家」才對吧！這兩者並沒有正關聯，你很會記帳不表示你很會賺錢，往往是因為相反 —— 因為你沒錢，所以錙銖必較，記錄它們的流向，看看哪裡可以省下來，但這會導致匱乏的花錢習慣，記帳記到最後，反而成了自由花錢的最大阻礙，你也慢慢把自己訓練成守財奴。

以上說法也許很多人不同意，要記帳才知道錢往哪裡去了呀 —— 沒錯，正是這一點不好。當你仔細檢視帳簿的當下，非常清楚、有意識的看到每筆花費，你知道很多筆錢都是可以省下來的，說不定還對自己生氣（或被老婆唸）。這些費用也許包括出國旅遊（但國內也很好玩）、住五星級飯店（人家奧運選手還只住三星級）、高級餐廳外食（同樣的牛肉在家樂福便宜五倍）、捐款賑災（比我有錢的人才應該捐吧）……若你真心想省，全部都有「窮人版」的選項。但我們生活在世，為什麼要活得像窮人呢？越活越像窮人，不正是一種自我實現預言（self-fulfilling prophecy）嗎？

第二個記帳的缺點是很花時間。有些人出門一天，所有大大小小的花費都鉅細靡遺的寫下來：自助餐 105 元、停車費 40 元；文具店發票金額 236 元，其中鉛筆 12 元、膠帶 89 元、資料夾 56 元……有必要嗎？是公司會計在作帳嗎？「記流水帳」是非常耗時的一件事，「錢」都花了，還要再把「時間」也花下去嗎？這不是「雙重花費」嗎？況且，時間還更有價值。伴隨而來的是第三個缺點，你會忘記有沒有記帳：「這筆記了嗎？」「這筆好像還沒記？」「這筆是不是重複記了？」不覺得這造成瑣碎、卻沒必要的心理壓力嗎？如果硬要堅持完美記帳，又花了一筆時間去找發票、回想、驗證，只為了那一個對你整體人生毫無影響的正確數字。

我很快就意識到，記帳的好處很少，但壞處很多，所以無論有多少專家說要記帳，我只相信我自己。我想提醒大家的是「**能省的有限，能賺的無限**」，我們應該多花錢，且多花時間去賺錢，而非多省錢，還花更多時間去省錢，這兩個努力方向的結果是天壤之別。人要越活越豐盛，而不是越活越匱乏。

不記帳，我來教大家如何花錢（？）—— 是如何**分配支出**。我會大略分成生活、事業、投資、給予四大類，每一大類裡又有小類，然後分成「必要」和「非必要」，前者就是「固定支出」，後者是「變動支出」。你可以參考看看。


## 一、生活

簡單的以「食衣住行育樂」分成：

① 食：買菜（必要）；買洋芋片（非必要 —— 但很重要）
② 衣：買衣服有必要，但衣櫃已經塞爆，也許每季只需花一筆治裝費吧？
③ 住：每年房屋稅、每月的水電費（必要）；3C 家電、廚房換新用品（非必要）
④ 行：每年燃料稅和保險費（必要）；環島旅行（非必要）

⑤　育：小孩學費（必要）；大人上課（非必要）
⑥　樂：PS5 ~~（必要）~~ 幾乎都可以省下來喔

除了生活必要的開銷，我個人很重視玩樂。如果硬要省下那些
非必要的花費，人活著幹嘛啊？


## 二、事業

通常創業家傾向把公司做大，有賺到錢就去雇員工，開發新業
務，接更多單。但我不是，我崇尚小而美、利潤優先的一人公
司。幾年前我也曾經請過員工，每月薪水支出相當可觀，但產
出並不符效益，所以這幾年我經營一人公司，嘗試把事業化繁
為簡，簡到我的主要工作就是每天五～八點寫一篇文章。

我會不會把賺來的錢再投資新事業 —— 當然會啊！我做了一
批禮物，想送給連續訂閱三年的訂戶。這些訂戶其實錢都付清
了，不送禮物他們也在，那為什麼還要花錢在他們身上，不是
去投放廣告吸引新訂戶呢？好問題，大家可以好好想一想！

# 三、投資

以下是我的子分類：

① 台股：年輕時玩過一陣子，目前戶頭也有餘額可以隨時再玩，但我沒玩，單純覺得其他標的更好玩，因此把資金放在以下兩項。

② 美股：我玩美股資歷至少十五年。我看過那斯達克（Nasdaq）指數一千兩百點，特斯拉（Tesla）剛上市時在20美元上下掙扎，Costco我買在67美元（但已賣掉）。但我是玩長期投資的，只有每週會關心一下。

③ 加密貨幣：我二〇二一年初才進圈，一進來就無法自拔。它現在變成我的投資主力，不是每天關心，而是每小時關心，因為它變化實在太快，像坐雲霄飛車一樣的刺激。但我覺得這也是放長期投資的，應該要留給我女兒當嫁妝，不過我還在學習，所以積極參與。

④ 房地產：我目前只有一棟 —— 喔不，是我老婆的。

我很愛亂買東西，也包括股票、加密貨幣、樂高這些會升值的東西，所以加一加也滿可觀的。但我做投資永遠是看長期，我投入的錢都是我「不用」的錢，就算全部賠光也不會對生活造成任何影響。

## 四、給予

除了過年給長輩大紅包外，每個月我會給我媽生活費，我岳父、岳母生日也會包紅包。我不會借朋友錢，除非是那種我願意送你錢的友誼程度。遇到重大災難，慈善單位能打動我的話，我也會捐錢，我有我自己的評斷標準。曾經有一陣子我會每月固定捐贈（也是訂閱制），但後來我停掉了；我有能力負擔每月的固定捐贈，但目前還沒有遇到「適合的對象」。

以上是我對記帳和花錢的看法。這會隨著年紀變化，所以若你的年紀跟我差很多，不同意的話也很合理，我二十歲、三十歲的觀念到四十五歲的時候也不同，是我經歷過許多事情，去蕪存菁、化繁為簡，才得到這樣的結果。

# 6
## 我對財富自由的
## 看法和生活實踐

什麼是財富自由（FIRE）？就是 "Financial Independence, Retire Early." 的簡稱，中文直譯為「財務獨立，提早退休」。財務獨立的意思是，你可以不靠別人發薪水給你，很多人就會說這是財富自由。但「自由」的定義因人而異，我甚至曾經說過它是一個「偽名詞」。因為如果你盲目追求財務自由而放錯了人生的重點，拚了命向前衝刺，無視一路上的風景，只為了抵達一個不存在的目的地，然而只是因為這個地方大家說你應該去，不是你自己想清楚而去的，這樣反倒失去了自由。也許英文的用字還是比較精準，財務「獨立」（independence）的意思就是**自給自足、不依賴別人**，它和財富「自由」有重疊的地方，但並不是 100％相同。

再來說「提早退休」這個觀念。我認為退休不是所謂的「一刀切」，人到了六十或七十歲就不再工作，我堅決相信那是過時的觀念，退休這個字必須在這個世代（至少我的心裡）被重新

定義。

什麼是退休？我認為退休應該「融入當下的生活之中」，假設退休的意思是「過你想過的生活」或「有錢去過你的生活」，那為什麼不直接融入現在的日常生活裡？為什麼要等到六、七十歲才去做？

打個比方。你打開一個排骨便當，最想吃的部分是那塊排骨，那為什麼要先吃其他難吃的配菜，最後才去吃排骨呢？你為什麼不把排骨配著其他菜一起吃，一口一口的吃完便當呢？我認為「退休」就是那塊排骨，不要把它放到最後，要把它平均分配。生活有喜有悲、又快樂又痛苦，你想過怎樣的生活，現在就去過！你想做什麼事，現在就去做！因為，不一定有以後。

如果你沒有想做的事，不知道你想過怎樣的生活，那麼就算六、七十歲拿到退休金，也不會讓你覺得比較快樂。你依照傳統價值觀努力達成「退休」，卻不知道退休後要幹嘛，因為你打從年輕時就不知道。人需要工作，需要壓力，因為完成工作、克服壓力會帶來快樂。如果退休以後不再工作，也沒有興趣，其實就是看著電視機坐著等死。你的排骨都臭酸了，等於活了大半輩子，你完全沒有享受到。你曾經以為精彩的退休生活，到了當下才驚覺沒有這回事，等於白活了一輩子。

提早退休？更精準的說，這個詞對我來說根本不成立。三十五歲我自己創業，我自認從那一刻起，就開始把「排骨」搭著配菜吃了。我把生活重新分配時間，均分從前朝九晚六的工作時間，打造一個我自己想要的生活方式，等於我把「退休生活」融合在生活裡，去過我想過的日子，做我想做的事。我知道人會越來越老，我也喜歡工作，所以「退休後的生活」對我根本不存在，因為我沒有等到六、七十歲才去做我現在就想做的事。這是第一個重要的觀念。

第二個重要的觀念，我們談「如何找到人生的職志」。田臨斌先生（老黑）說是寫作；很巧的，我也會說是寫作。為什麼呢？因為就像很多人都用 iPhone 手機、都穿 Uniqlo 內褲一樣，它就是一個很棒的選擇。寫作永遠都有市場，人人都有獨一無二的故事，沒有競爭者跟你賣一樣的東西，你可以聚眾後發展出一番事業。另外，我想強調的是，人生的職志可以不只有一個，可以是寫作，還可以加上教書，或是再加上畫畫、手作、演講等，整合多種興趣就是增加你的競爭優勢，不但做得很開心，也可以賺很多錢，更會進一步讓你提早退休。

我認為「找到職志」也不是一刀切的問題，而是慢慢嘗試出來的，並不是退休以後才去找人生的職志，而是你應該即早找到人生職志，並把它做到可以有收入的程度，融入在每一天之

中，這就是你的「退休生活」，也就是我的 FIRE 生活實踐。

FIRE 後的生活要做什麼？我也建議一定要寫作，因為寫作可以增進你的閱讀能力，還會產生額外的收入，而且更重要的，寫作會優化頭腦，因為「清楚的寫作等於清楚的思考」，它可以是職志本身，也可以助你找到職志。很多人在退休之後，就不大用腦了，所以要如何防止老人痴呆、思考退化，維持年輕時的清晰靈活呢？當然也還是寫作。

我從三十五歲開始嘗試去過自己定義的 FIRE 生活。我認為，如果你現在還沒有這樣的想法，或你對 FIRE 的定義若還是傳統的那一套，在這個世代其實是很危險的，因為你的工作可能不允許你到「老」才退休。

所以，「FIRE 後的生活要做什麼？」這題對我來說是不存在的，因為我現在正在過著我想要的生活，做我喜歡的事情，所以我**沒有退休後**的狀態。如果你把退休融於每日行程中，並快樂的生活著，為何要退＋休呢？

# 7
## 投資理財就能達到
## 財富自由嗎

講到財富自由，它的三原則：賺多、花少、理財 —— 我認為
這裡面其實有個陷阱，就是三者不是同等重要。我的分配會是
80：10：10，「學習賺錢」是八成重要！當你很會賺錢，再怎
麼花錢也不會變少，因為你賺錢的速度夠快，快到可以 cover
一切消費。所以我會把八成的時間、精力、腦力全部投入「賺
錢」，而不是花在省錢上。理財固然很重要，但你再會理財，
沒財可理也是白搭。「生財能力」才是全面性的、最基本的，
投資理財只是其中的一環，你付費請專家來幫忙都無妨，這樣
你再怎麼笨還是可以理財。

賺錢無疑是一種技能，沒有人天生就會賺錢，跟學習任何技能
一樣，我們藉由觀察、學習、練習、試錯，最後變得上手，再
融入呼吸中，培養出商業頭腦和手腕。假設你要學鋼琴，必須
把手指放在琴鍵上，常常去接觸鋼琴；如果你學攝影，要常常
拿起相機，常常按下快門。當你彈錯了，照歪了，別人可能會

笑你，但你知道自己才剛學，沒關係，我就爛，你無視這些意見，繼續彈、繼續拍。若把場景換成賺錢呢？你會如此豁達，不在意別人的閒言閒語嗎？希望你可以。

我在國外念高中時就喜歡收集球員卡，一開始我會跟同學換卡，還記得我都可以越換越好，憑的是我會把某個球員講得多厲害，未來多有發展性（卡片才會升值）。同學的好卡都被我換來後，我和我哥去實體卡秀，租了一個攤位賣卡，當有客人上門，我就用同一套說法去形容某球員多有潛力，現在入手他的新人卡一定會賺……後來，我又和同學一起擺攤好幾次，練習實體銷售，當年雖然我才十六歲，英文都還不是講得很好，就直接提槍上陣，跟那些資深的中年人一起競爭。我忘了賺多少錢，反正那不是重點 —— 重點是培養勇氣，練習交涉，用自己的雙手和話術賺錢。

另一個生財的重點是，不僅賣現在，更要賣「未來」。這裡的「未來」有兩個觀念，一個是你賣的商品很有未來性，所以讓消費者買到賺到，你可以幫他們「生財」（而你當下生財）。另一個是，你自己的未來很有發展性，想像自己一定會越來越棒，跟你沾到邊的人都會越來越好，所以他們跟你買東西，就像是跟未來的賈伯斯買一段關係。相反的，對自己未來沒信心的人，賺錢就會很困難。

回台就讀政大碩士後，某一晚我付一個朋友 500 元去饒河街夜市擺攤，販賣一盒 1,000 元的健康酵素。我想，只要賣出一盒就回本，兩盒就賺錢，而且我想體驗一下夜市擺攤的感覺（我興趣多元）。結果站了一個晚上，一盒也沒賣出去。我雖然有點小失望，賠了 500 元和五小時，但我確定了兩件事：一是別人看不出你是碩士生，除非自己講出來；這表示不管你肚子裡多有料，若想賣東西，必須讓路人也知道你有料。第二，在夜市要成功銷售，必須放下身段的大聲吆喝，不然沒有人會理你，大家只是路過，用眼睛瞄一眼；如果你要贏得別人的注意力，讓別人停在你的攤位上，就必須比別人更大聲，用語更刺激，內容更勁爆。像極了 FB。

很多人聽到這段故事都笑我，說我好好的一個碩士跑去學人家擺什麼地攤，而且逛夜市的人身上都只帶幾百塊，怎麼會花 1,000 元以上買一盒酵素。只有一個朋友聽我去夜市擺攤，他不停的稱讚我，說我有「強韌心態」（tough mindset），從商一定會成功。我是否成功先不說，後來這位朋友自己超級成功，比我賺更多錢，表示「有眼光」「看到事情的背後」也是一個重要的賺錢能力。強韌心態是我的刻意練習，當天晚上那些逛夜市的人，朝我投射過來每一雙鄙視的眼神，我都不會忘記。如果我的心態強韌到足以吸收那些，爾後所有網路上的酸言酸語都只是小菜一碟。你若像我一樣賺錢有如此決心，堅毅不

拔，遲早會有錢。

有沒有人很會賺錢，但越賺越沒錢呢？當然有，「賺越多錢，花越多錢」，導致支出大於收入，個人或企業都可能有這種傾向。「收入」等於生財能力，但不等於「你可以花的錢」；利潤才是，所謂賺到錢，是指有利潤。

假設你有一個好點子，認識很多投資者，他們投資你兩百萬，結果你只賺一百萬，然後宣告失敗。嚴格上來說，這是一個沒有生財能力的創業家。市場上充斥許多這樣的創業家，顯然「生財能力」和「創業家」不該劃上等號，你必須要先有前者（生財能力），才有後者（去創業），順序不是反過來的。「生財」就是一種「創造」，如果你還不太會創造，怎能創業呢？「賺錢」當然可以無中生有，點子的實現也是，很多人可以從一萬賺到一百萬，也就是一百倍的生財能力，這種人就應該去創業，或者你投資他，把他的生財能力加倍放大。

你也一定聽過很多創業家說，在他們開公司之前，沒想過獲利模式，不知道怎麼賺錢，但最後還是賺到錢，例如 FB。基本上，這些網站都擁有很多用戶，也就是說他們雖然在初期沒有生「財」的能力，但他們有生「人」的能力，從另一個角度來說，人等於錢，所有生意都是人的生意，所以「生用戶」和

「生財」的意思是一樣的。

統整一下**如何增進生財能力**？從我的經驗可歸納出以下十點：

- 你要學會「賣未來」
- 你要很勇敢，學習交涉
- 你要有強韌的心理素質
- 你要有眼光，看到事情的背後
- 你得適時放下身段
- 大聲吆喝，取得注意
- 學習無中生有的創造
- 有人就有錢，勤於走向人群
- 把八成時間和精力集中於賺錢，而非省錢
- 多練習、多練習、多練習

有了心法以後，以下十件事是我實際做過、可以真正增進生財能力的事，不妨開始行動吧？

- 研發數位商品，並把商品標價
- 逛電商網站，學習和筆記「生火」文案
- 多寫書評，但以推廣書的角度出發
- 多寫開箱文（先自己花錢買），寫出一流的勸敗文

- 揪團購，練習進貨、出貨
- 加入投資社團，爬文尋找好的投資標的
- 虛心請教別人關於賺錢的心法（可以 Google 到的請自己查）
- 跟緊市場趨勢，培養市場敏銳度
- 擁抱人群，無論線上或線下
- "Teach everything you know."，別在乎別人說什麼

# 8

## 「賺錢」和「快樂」的關係

每個人都知道，「錢」是人生中非常重要的一個元素，有些人「視錢如命」，沉溺在賺錢的快感；也有人因財失義，走上人生歧途。多數人對於錢則是「想要，卻沒有盡力去爭取」，幻想錢會自己上門。賺錢光譜的兩端都不正確，更重要的是，都不快樂。一端是為了賺錢為非做歹，一端是等別人發錢給你，產生金錢焦慮。前面文章談如何賺錢，這裡要談「賺錢」和「快樂」的關係，畢竟賺錢的目的也是為了快樂，不是嗎？你可能聽過「錢買不到快樂」，不過那通常來自於有錢之後的領悟。我們就單純當個庸俗的人，講一下為何金錢可以買到快樂的，為什麼在合法賺錢的前提下，「賺錢」和「快樂」的關係是成正比的。

「快樂」是什麼？其一是來自內心的平靜。有錢不一定買到快樂，但它可以「消除不快樂」，讓內心恢復平靜。有錢可以解決很多問題，舉凡看到或看不到、想到或想不到、檯面上或檯面下的問題，所有生活中我們面臨的困難，幾乎都可以用錢

解決，所以常聽到一句話說：「能用錢解決的問題，都不是問題。」至少當你越有錢＝能買的解決方案就越多＝面臨的問題就越少＝能消除越多的不快樂＝內心越平靜。唯有一顆「平靜的心」，才有可能得到真正的快樂。

問大家一個問題：如果甲和乙的收入一樣是四萬，工作量也一樣，但甲是每個月領一次薪水，一次領四萬，乙則是每週領一萬，四週領四萬，請問誰比較快樂？我的答案是乙，因為他領錢的頻率比較高。假設發薪的當下會讓你快樂一下，那乙是每週快樂一次，甲是每個月快樂一次，乙的快樂次數多四倍——先別急著打我臉。假設以上的邏輯是對的，又有一位丙，他和乙的收入和工作量一樣，但他的錢是隨機賺到的，表示在這個月裡，可能第一天賺到 2,000，第二天雖然是 0 元，第三天出現 8,000，第四天出現 3,000，第五天又是 0 元，第六天出現 20,000……非常隨機，那麼乙和丙誰比較快樂呢？答案可能會出現分歧，說是乙的人，因為他固定每週會快樂一次；有人說是丙，因為錢出現的頻率更高，每一次的隨機出現都得到快樂，但丙因為收入無法預測，所以會產生焦慮感——這通常是創業家的「賺錢（快樂）模式」。最後，還有一位丁，他的賺錢模式類似丙，唯一不同在於只要他努力，他就可以產生收入，雖然金額是隨機的，有大有小，但也就是說丁對於賺錢是有掌控權的，只要他想賺，他就可以有收入，他可以控制

錢出現的頻率，進而增加自己的快樂時刻。

你一定會質疑，那麼 Uber 司機是最快樂的嗎？他們只要努力，多開車就多賺錢 —— 並不是，他們只是變相的乙，把頻率從每週變成每天而已。他們並沒有隨機出現的收入產生，因為他們並不算創業家，他們仍是為人打工。甲和乙是同類，受人所雇；丙和丁是同類，為自己工作。茫茫眾生中，我們都是路人甲乙丙丁，我歸類如下：

甲：賺錢頻率低，金額因人而異，但有做才有錢 → 月薪族

乙：賺錢頻率高，金額因人而異，但有做才有錢 → 服務業

丙：賺錢頻率高、隨機 → 創業家，具被動式收入

丁：賺錢頻率高、隨機、掌控性高 → 創業家，具被動式收入，
　　有粉絲基礎

我們要先成為丙，再成為丁。也就是想提升人生的快樂頻率，必須提升賺錢的頻率、隨機出現的金額，以及掌控「想要錢就會出現」的能力。怎麼做到「想賺就有呢」？需要的就是社群粉絲的基礎。以我自己為例，我的收費電子報《完全訂閱制》

就是一種隨機出現的收入：有時一天沒有半個訂閱者，收入是零；有時一天會有兩人加入，收入就是七、八千。我設定了自動提醒，只要有人加入，就會收到 Email 通知。當我看到 Email 通知，我就會產生小小的快樂，一種「有錢進帳」的小小刺激感，精神為之振奮，就算我心情不好，收到 Email 通知也可以讓心情變好一點，「有錢進帳」的隨機刺激感，等於讓生活充滿了驚喜。不管你在何處、做何事，跟家人吃飯、跟隊友打球，「有錢隨時會進來」「睡覺也能賺錢」的感覺相當美妙。所以我常說，被動式收入的重點除了收入，還有隨時出現的快樂，不僅賺到錢，也賺到快樂。當你的日常充滿小確幸、小快樂（small happiness），你就會感到幸福。當一個品牌大到一定程度，有了強韌的粉絲基礎，就多多少少可以掌控賺錢的頻率。「想要就有」是賺錢的最高手段，也是快樂的最大泉源。

連續創業家兼投資人莫伊茲・阿里（Moiz Ali）曾在 Twitter 上說：

My emotions are entirely tied to my revenue.
（我的情緒完全跟我的收入綁在一起）

Lot of revenue? I'm happy ＋ bullet proof.
（收入高，我就快樂＋百毒不侵）

Low revenue? I'm distraught + vulnerable.

（收入低，我就焦慮＋玻璃心）

我認為「金錢的多寡」對一個人是否快樂僅是其次，並不是你越有錢就會越快樂，而是你越會賺錢，你的「金錢出現頻率」越高，你才會越快樂。這樣的區分很容易證明：富二代如果只是有錢，而沒有賺錢能力，他不會得到真正的快樂；反觀創業家，也許銀行的存款不多，但是擁有創造財富且頻繁出現的能力，對賺錢有掌控權，因此會比富二代更快樂。

「富二代」不快樂嗎？當然也不是。他們擁有財富的起跑線比任何人都前面，他們還有擅長管理金錢的父母，只要他們懂得理財，不要太快敗光，一樣能擁有「金錢頻繁出現」的可能性，畢竟「用錢賺錢」比「用能力賺錢」更快、更輕鬆。重點在於，當我們談達成 FIRE 的三條件：賺多、花少、理財，其中最重要的一件事就是**會賺錢**。而且，你一定要有賺錢的掌控權！「錢」關係著你的快樂，千萬不要讓別人控制你的「快樂」，你應該自己控制快樂，而不是你的老闆（或客戶）。你一定要努力再努力，把金錢的掌控權握在自己的手中。當你擁有金錢的掌控權，你才是真正對人生有所掌控。如果沒想通這一點，你這一生可能都無法體會真正的快樂。

# 9

## 為什麼有錢人
## 越來越有錢

你應該聽過「有錢人會越來越有錢」，這是事實，但你知道為
什麼嗎？原因有很多。我在此先提出一種解釋。

我媽很喜歡看房子，每個女主人可能都幻想著能換大一點的房
子，因為「家」對她們來說是最重要的。有次，她的一位朋友
開車帶我們去內湖看一間別墅，當年的價格是四百萬台幣，我
媽和我看了都很喜歡，腦中已經出現如何布置的畫面，那是一
種「家」的升級。我們興高采烈的回去跟我爸說，我媽覺得**如
果辛苦一點**、大夥兒省吃儉用一點，把原本新店的房子賣了，
**也許**能湊到頭期款，然後再想辦法**熬過來**。一棟全新的別墅，
內湖的前景又相當看好，在這裡置產應該有賺頭。

很可惜的，我爸並沒有答應。我爸覺得家裡根本沒錢，要我媽
別幻想了，四百萬耶！是他十年的薪水總和，怎麼可能買得
起！身為家中主要的賺錢者，我爸說了算，我媽只好停止了幻

想，繼續住在新店的舊公寓裡。這件事我媽一直放在心上，因為就她所知，內湖後來發展迅速，這間房子如果當初買下並熬過來，現在應該是四千萬起跳。這個財富增加十倍的機會，就這樣與我們擦肩而過。

在那個年代，只要有錢買房子，房子都一定會漲。後來我們也曾陸續看了一些房子，有些機會是一看就知道很棒的，但問題是我們沒有足夠的錢可以投資。人說「有錢就有膽」，我們不敢，因為沒錢。然而，這樣的「沒膽＝沒錢」，兩者形成一個惡性循環，導致財富裹足不前。

假設現在有一個大好的機會，讓你在一個菁華地段投資一百萬買一間小套房；三、五年之後可能會賺兩百萬，你敢不敢？先不說詐騙問題，如果是投資五百萬呢？一千萬呢？你仍敢嗎？

我猜多數人是敢投資的，但問題是沒有那最初的一百、五百或一千萬可投，只能白白看這個機會與你擦肩而過，那麼這些機會被誰拿去了呢？對，就是那些「有錢、有膽」之人，他們看到機會，而且把握機會。問題來了，這些人為什麼敢呢？如果他是富二代另當別論，為什麼有些普通出身的人，也敢勇於投資呢？

「勇氣」代表不怕，敢於投資的人不怕錢賠光，扣掉一些知識不足、亂開槓桿投資的白痴以外，不怕賠光的人拿他們身上**多餘的錢**去做投資，也就是扣掉必要的生活支出，剩下的錢有一定比例拿去玩樂，一定比例就拿去投資；又或者，投資就是你的興趣。以上這段你可能在一般理財書上都看過，我想提出第二點是理財書上不常教的：這些人敢投資，是因為他們賺錢的方式不一樣，所以看待金錢的角度不一樣。因為「你賺錢的方式會影響你花錢的方式」。

四百萬對當時我爸來說，是十年薪水的總和，按照他的說法，必須十年不吃不喝，才有辦法負擔這個房子。這樣聽起來是不是很嚴重！任何一個理性的人都不該花這筆錢。當你的收入來自每個月的固定薪水，在花錢的當下你就會用「薪水的比例」去做消費決定，就算薪水漲到五萬、十萬、三十萬，也是用同樣的邏輯去看待消費。我不能說這樣的金錢觀和決策考量是不對的，但明明還有更好的。

就用我自己當例子。假設我想買一個一萬元的東西，我的腦子會自動換算「一萬元＝三位訂閱戶」，我只要努力一點，找到三位《完全訂閱制》的訂戶加入，我就可以負擔這個東西。努力的方式有很多，包括在 FB 上擷取某段內容、辦個加入就送贈品的活動、發內含折價券的電子報，甚至一對一邀請朋友加

入等，我只要多努力、多工作，我就會有多餘的收入。假設有一天我需要三百位訂戶，事不從人願，經過努力後只有一百位，但這只是比例問題，重點是我掌控「有努力就有收入」的遙控器，我的收入由我控制，所以我花錢時可以比較隨心所欲、比較大膽。因為就算賠光了，我再努力一點把它賺回來就是了。

當你從「受薪收入」變成「自營收入」，這會慢慢改變你花錢的方式，你慢慢會變得大膽，也就有勇氣把握更多的投資機會。當然，不是每個機會都是好機會，但這也是比例問題，投十個只要有三個中，很可能就讓你賺大錢，更何況如果你經過分析、研究，命中率不會太差。最關鍵的心態是，就算賠光了也沒關係，摸摸鼻子認了，少睡、少玩一點，努力把這些錢賺回來。

這就是「創業者」比「上班族」具有優勢的地方。前者勇於投資、勇於消費，去體驗更豐富的人生，進一步打開你的眼界，看到更多的好機會，進入「有錢 → 有膽 → 更有錢 → 更有膽」的好循環。也因此，有錢人變得越來越有錢。

# 10

## 我那簡單又有效的
## 投資原則

我從小就愛錢。然而,去國外念書時不知爸媽賺錢辛苦,亂買球員卡,也沒以最快速度畢業,只因對「省錢」沒有概念。大學時期某天,我去一家眼鏡行買隱形眼鏡藥水,老闆講了一句:「**會省錢沒用,要會賺錢。**」從此影響我一輩子。直到現在,我也不太存錢。

扣掉生活開支之外,我一有閒錢,就拿去買東西。有些東西是買樂趣,例如 3C 用品;有些東西是買回憶,例如旅遊;有些東西是買未來,例如投資。三十歲以前,我看過很多很多理財書,隨緣的內化之後,奠定了我基本的理財知識。我一向是喜歡化繁為簡的人,特別是我認為投資本來就應該化繁為簡,所以我的投資原則簡化到最後,只有一句 "Buy and Hold.",中文就是「買來放」。

我認為投資專家有兩種:一種操作短線,一種操作長線。投

資專家怎樣才稱得上「厲害」？應該是指投報率多少吧？A 投100 元賺 150 元，B 投 100 元賺 500 元，在我心中 B 比較厲害，因為他的投報率是五倍，大過 A 的 1.5 倍。假設 B 的標的一年漲一倍，他要等五年才會有五倍；A 是一個炒短線高手，他在這五年之中殺進殺出，累積起來的報酬會是原始資本的五倍嗎？有可能，但這風險太大了，大到你根本不應該這麼做。因為第一，你還是有可能全部輸掉；第二，你可能根本在浪費時間。也就是說，我認為所有的投資都不應該是短期的，因為「浪費時間」是最不可逆、最高的成本。

你為什麼要做短期投資？可能是為了想賺快錢。為何以為可以賺到快錢？是因為看到有人成功，說他買股票賺了多少，昨天買低，今天賣高，幾天內就翻倍，讓你覺得他們好厲害。炒股賺錢好像很容易，但其實你忽略了這些只是「倖存者偏誤」，只見那些成功者出來炫耀，不見那些失敗者出來哭訴 —— 因為很丟臉啊！會被老婆罵啊！會被朋友笑啊！當你把注意力放在「短期投資成功案例」上，會以為投資就是一門艱深的專業，於是你去上課、看書、追隨大師，再進一步者，做線型分析、建構自己的模型，深怕自己知識不足，錯失最好的進場或出場點。

投資理財專家看準這一點，用各種方式賣「短期投資致富」的

夢給你，這是他們賺錢的方法，畢竟又不是真正用自己的錢去投資。也就是說，多數的投資專家都不是靠投資賺錢，而是賣「方法」來賺錢。也許是他們沒有錢，也有可能是他們沒有料，只會整理資訊和華麗的手法。很多短期投資者自己心裡也明白，賺快錢不是那麼容易的，但還是忍不住殺進殺出，只因為要 Hold 住更困難。

也就是說，最危險的投資方式是什麼？你買的股票近期漲很兇，你初嘗賺到小錢，紙上富貴增加，就認為「賺錢很容易」「炒股很好賺」，然後投入更多時間和精神，看更多書籍和 YouTube 影片，甚至把主要工作放在一旁，因為玩股票賺得比較快、比較輕鬆。如果這可以當成工作，那比上班領薪水好太多了！然而，以上心態是最不可取的，因為一個散戶，你不可能長期預測到市場的走向；就算你能猜到，也不一定有雄厚的資本。簡單的說，你是不可能戰勝大盤的。也許短期給你矇到，但就像身在賭場，若每一把你都玩，結果一定是輸多贏少。

投資只是**其中一種**賺錢方式，並不是唯一一種，別把它想成「正財」，應該是「副財」，副的不應該變正的。多數富翁都是因為正財而致富，而不是副財。副財可以花時間研究，但不要本末倒置，你要堅定的賺正財，把研究副財的時間省下來，

那些時間拿去你最擅長的地方賺錢，從你的主要工作上高效益的賺，再把多餘的錢拿去投資。

我玩美股十幾年，拿兩家公司來說，第一家是 Roblox（RBLX），IPO 價是 45 美元 —— 但你若掛 45 美元是絕對買不到的，第一天就噴到 67 美元，我買在 76 美元，持有的第一天就虧損。第二支是 Coupang（CPNG）—— 韓國的 Amazon，要是我一開始只掛 IPO 價 35 美元也不可能買到，它第一天交易就飆上 51 美元，後來我小賠作收。以上說明什麼？任何的「公開」資訊都是過時的資訊，每當有什麼新股要上市，它的市價早已被原始投資人炒高，等到它真正上市的那一刻，往上往下都不是我們能控制的。唯一你可以賺錢的方式，就是用時間去跟它拚，而不是用你自認的「知識」。我從中得到的結論是：投資重要的不是什麼高深的專業或分析，買幾支好的公司 —— 那些獨占事業或自有生態系，例如 Apple、Google、Tesla 等，Buy and Hold 個十年，你就會戰勝市場。

像我投資虛擬貨幣和 NFT（非同質化代幣），也是準備放個十年，給我的小孩上大學和生活費。這玩意風險很高，但就像我買了很多 3C 用品卻沒在用，若這些東西不值錢，全部賠光，我也只當是買個回憶罷了。我絕非不在乎錢，但我很清楚，真正高報酬的投資，就是拿「輸掉也沒差」的錢去做，尤其是像

加密貨幣這種尚未打進大眾市場的投資標的。

我不是財經理財專家，以上只是我投資至今「自己遵守」的原則。我把主要的精神、時間、心力花在開發正財，用最有效率的速度賺錢，再用「輸掉不會痛」的錢去投資高風險項目。我那簡單又有效的投資原則，就是「買來放」，讓時間發揮它的魔法，五年、十年、二十年去看，等這筆投資翻倍再翻倍。如果要我說一個**適合全部人**的投資建議，老話一句就是：「最好的投資是投資自己。」提升自己的賺錢速度，正財多，副財才賺得多。沒有閒錢的人，就算看到機會，也沒有錢可以進場。

我覺得投資方面值得討論的，就是要 Buy and Hold 到什麼時候？五年、十年、或自己設定達到幾％的報酬率？我看最多人的答案有兩種：一是你要買房子的時候，二是你計畫退休，想花時間去環遊世界的時候 —— 但關於第二點，我還沒有經驗。

# 11

## 投資心理探討：
## 什麼時候該出場

在比特幣的發展史上，有一個很有名的例子：二〇一〇年五月二十二日，某人用一萬枚比特幣去買了兩塊大披薩，後來每年的五月二十二日就訂為「比特幣披薩日」，幣圈的人都會吃比薩來慶祝，提醒自己不要變成那個人，買了披薩卻錯失了一筆鉅額財富。從這個經典故事，我體認到投資最怕**太早賣而後悔**，不要為了解決生活需求，而放棄高報酬的投資機會。

什麼時候你會想賣掉投資資產呢？假設你花 1 美元買了一百股，你進場的股價是 1 美元，當股價一路上漲時，我是不會賣的，這就跟賭博贏錢的原則一樣，輸要縮、贏要衝，當火箭一路升空，你不該跳下來。你可以先設定一個目標價，當它衝到目標價時，先賣掉 10% 變現，得到一筆現金去花花。以我買某加密貨幣為例，當抵達我的目標價的話，我只會賣掉 10%，然後我會拿去囤日幣，當做是下一次的遊日基金。很多人認為某些標的快要不行了，所以趁自己還有賺頭時，趕快獲利了結；

但我會問自己：我現在需要這筆錢嗎？如果沒有，那就繼續放著。

你的資產若是決定放長期，如果基本面夠好，整體來說它有一天是會增值的。會覺得「未實現的利益很可惜」的人，我都稱為是「短期」心態的人，這些短期投資者很聰明、勤奮、勇敢、專業，他們可以利用價格的浮動，大筆買進、賣出，賺到價差，說真的，我很佩服他們，不僅要有錢、心臟要強，還要二十四小時盯盤，睡覺可以不求安穩。我自己是覺得短期投資好辛苦，我無法鼓勵大家這樣做，請斟酌自己的能力。

在我的投資生涯中，印象中只有一次全部出清變現，那是因為我婚後要買房子，所以把所有國內外的基金、股票全賣了，當做是頭期款。我手中的資產全部空了，換得一棟房子，也算是一種「資產轉移」。所以「什麼時候該出場」？我的答案是「買房子的時候」；正確來說，就是資產轉移的時候。資產轉移也是一門學問，你怎麼知道從股票轉到房產會賺呢？我也不知道，只是想找捷運站附近的房子。不過在台灣買房子，只要不是地段太偏，長期通常是看漲的，因為土地稀有。我買賣美股也常做資產轉移，我覺得股市和房市一樣，長期來說都是看漲的，但我覺得不必糾結於一定要買在低點，一有錢就丟進去，因為以長期獲利來看，你的進場點影響不大，什麼銀行手續

費、交易手續費更顯得不重要。別因為省這小錢，而錯失了上車（火箭）的機會。

如果你做長期投資，請花時間研究該標的物的基本面，「錢」花下去之後，由於要放很久，所以就不要再花「時間」了。不需要每天看盤，殺進殺出，賺那一點點蠅頭小利，把那些時間放在核心業務上去狠狠的賺，直到又有一筆閒錢可以投資。保持這樣的心態和律動，每月、季或年，固定時間盤點一下手上的資產就好。

股票是一種資產類別，房產也是，加密貨幣也是，若你玩得更深，外匯、黃金、骨董、名畫、名酒或樂高都是不同的資產類別，別忘了雞蛋要放在不同的籃子。我知道有很多加密貨幣的富翁，覺得心裡不踏實，賣了一些來買房子，然後租給別人或是變成 Airbnb 來賺租金 —— 這樣的被動收入很穩健，所以他們的投資組合就很健康，有高風險高報酬，也有低風險穩定報酬。一個好的投資人應該像他們這樣，不要只會開槓桿，或是放定存，兩種極端都不夠好，記得一切都要均衡。

好的投資就是在「對的時間點，遇上對的項目」。投資有賺有賠，長期投資可讓賠的風險變小，所以一定要有長期的心態，也就是說，這筆錢不能是生活的必要開支，也最好不是你省吃

儉用、過著克難日子擠出來的，它應該是「丟了也沒差」的一筆錢。唯有這種心態，你才可以安心的做長期投資，不會對價格波動患得患失。

# 12

## 如何獲得最大的
## 投資報酬

開頭不免俗的我還是要寫一些警語:「投資一定有風險,基金投資有賺有賠,申購前應詳閱公開說明書。」

先跟大家說一個事實,聽起來很像在騙人的事實:我投資 36 美元買了十張球員卡,這十張球員卡漲幅曾經高達五十五倍。這個叫做 NBA Top Shot 的標的,是建立在區塊鍊上的數位球員卡,以最近最熱門的 NFT 形式發行。這漲幅有多誇張呢?就是我每次重新整理頁面,數字都往上增加。人說「幣圈一天,人間一年」,我終於親身體驗箇中滋味了。

台股飆漲、美股飆漲、加密貨幣也飆漲 —— 當紙上富貴來得太容易,持有者不免開始擔心。就像馬斯克(Elon Musk)買了 15 億美金的比特幣來分散風險,如果美國政府一直印鈔票,造成美元貶值,反觀「限量」發行的比特幣相對穩定,那麼平民百姓如我們是否也應該投資一些現金以外的東西?想是這樣

想，比特幣一顆好幾萬美金誰買得起？就連價格第二貴的以太幣也買得有點掙扎，那還有什麼較容易入手的標的可以買呢？其實有很多。加密貨幣最常被人詬病的問題就是不能實際應用，你摸不到它，所以就價值而言，加密貨幣的價值在於「多少人相信它有價值」。就像馬斯克運用他的影響力來讓更多人相信比特幣。

我相信了。

當我看到 iCook 創辦人 Fox 在他 FB 上 po 了 NBA Top Shot 的照片，身為一個球迷和實體卡片收藏家，我忍不住問他這是什麼，於是他帶領我入門。我儲值 100 美元，跟大家一起等官方釋出卡包，線上排隊，非常耗時，終於買到了三包，一包 9 美元。由於太難買，我無聊時又嘗試再買一次，也是用 9 美金買，總共花了 36 美金。約一週過去，NBA Top Shot 忽然開始飆漲，每張卡片都翻倍再翻倍，我們都還來不及反應，每個人的帳戶價值就超出所能預期的，加上現役 NBA 球員的助陣 —— 他們自己也買，整個市場就活絡了起來，越來越多人相信這些卡片有價值，我也很慶幸自己上車得早。

回到文章標題。因為投資 NBA Top Shot 的經驗，讓我體會到如何獲得極大的投資報酬。運氣當然很重要，但除了運氣之

外，我覺得也要：

## 一、找到創新

「知識就是財富」，所以發現新知識，就等於創造新財富。我每天在網路上東看西看，很多資訊看完就忘，這樣一點意義也沒有。很多人都說很有價值的資訊，但你看不懂，就放棄了，轉去看那些看得懂的，例如：吃喝玩樂、搞笑八卦。但「好東西」往往不是那麼多人知道的，所以你若能發現，並辨識出它是好東西，這一點就非常關鍵。很多人走過、路過就錯過，唯有具商業眼光的人走過、路過，還會停下來仔細研究過。

## 二、比大眾更早相信

知道某些東西，你不相信它也沒用。很多人在自己不熟悉的事物上，第一個念頭就是排斥，甚至用負面的批判去解釋。我認為，這是思考模式跳不出舒適圈。你應該嘗試去了解它，研究、理解、體驗它，你才真正有資格去評論它。說真的，起初我也不看好加密貨幣，因為我的認知有限，而且不想跳出投資的框框。但我換個角度想，幣圈的人為什麼那麼瘋呢？我嘗試

換位思考，後來發現我才是落伍的那個人。


## 三、有勇氣投入資本

前面說「比大眾更早相信」對投資來說很重要，因為唯有早期採納者（early adopter）才能先投入資本，然後等這東西被後期多數者（late majority）接受後，你才可以脫手。也就是說，你發現它、相信它還不夠，你得擁有它等它慢慢被大眾接受。巴菲特有句名言：「在別人貪婪時恐懼，在別人恐懼時貪婪。」我現在非常後悔，當初為何不多買點便宜的球員卡。我在這裡想說的是，如果我們還是會遲疑，那是我們信仰不夠，若是你絕對 100％相信某件事有價值，你的心態應該是「買到賺到」「買越多賺越多」。


## 四、要有極大的耐心

哈佛大學教授雷蒙德・弗農（Raymond Vernon）提出「產品生命周期」，一個商品從早期採納者到早期多數者（early majority）、再到後期多數者是需要一段時間的，特別是多數人眼中仍無價值的商品，等待的時間可能非常長。另一個

框架是「市場生命周期」，指市場由四個不同階段所組成：導入（emerge）、成長（growth）、成熟（maturity）、衰退（decline），像加密貨幣如比特幣是在哪個階段呢？我認為還在導入期吧？另外，最近最夯的 NFT 市場，也緊追在後。我買的 NBA Top Shot 或後來的 Street Fighter 收藏卡究竟何時能變現呢？說真的，我目前只是想一直放著，哪天需要買車、買房的時候再說。（美股也是一樣）

## 五、當反對意見轉變成主流

當初所有主流媒體都對比特幣持反對意見，結果馬斯克就是一個反對黨，對，他一個人抵消一堆主流意見。給市場一點時間，年輕的會長大，傳統的會老去而漸失權力。如果你是一個早期採納者，時間就是你最好的朋友。一旦曾經「沒人看好、但你相信的」東西成為主流，你一定會有很大一塊餅吃的。

以上五條看起來簡單，但執行起來超難。馬雲說很多人都輸在：「看不見，看不懂，看不起，來不及。」人生無處不賭博，要贏大的，你就要賭大的，不要浪費寶貴的時間去爭執芝麻小事，去賺一顆高麗菜吧。

# 成為更好版本的自己

建構靈性、身體、情緒和學識
四個面向的能力，
才能在人生不同的階段追求新的潛力。

# 1

## 從學習到賺錢，
## 好還要更好

二〇〇八年，某一次電台錄音，主持人突如其來問我一個問題：

「你的墓誌銘是什麼？」

「蛤？什麼？」

「就是你會刻什麼字在你的墓碑上？」

這是我第一次聽到有人問這個問題——我那時候才三十二歲，哪會想到我的墓碑上要刻什麼！雖然當場有點尷尬，我還是想了大概五秒以後回答：「學習不能停，好還要更好。」

我雖然沒想過自己的墓誌銘，但從小身為一個自我激勵的高手，我有屬於自己的座右銘！「學習不能停，好還要更好。」

就是我的人生座右銘，刻在我心中已經不知道幾年了。如果要將這兩句話更簡化，「學習不能停」其實也只是為了「更好」，所以嚴格來說，我的人生最高原則兼座右銘就是這五個字：**好還要更好**。

不過，我實在不知道從哪裡解釋起……因為價值觀的範疇實在太大了。不如就從賺錢開始好了，我想這是大家人生最關心、最實際的東西。

我曾經在實體課程中放過一張簡報：

> 關於「賺錢」是……？
>
> ① 先求有；再求多
> ② 有了多；再求快
> ③ 有了快；再求自動化
> ④ 有了自動化；再求_____？

舉例來說，你畢業後進入社會，第一份薪水有了（求有），你會追求加薪（求多）；但每月只有五號才發薪，你會追求更高頻率的收入（求快），所以你可能會兼差；但兼差很累，你看

到包租公不用工作，錢就會自動進來，於是你投資房地產或股票，希望可以將自己從「有做才有錢」的工作中抽離，讓錢可以自動流進來（求自動化）……

以上是賺錢版的「好還要更好」。但人生不只賺錢，在各方面都可以「好還要更好」。但別讓「好」這個字局限你的思考，你要想的是「美還要更美」「猛還要更猛」「輕鬆還要更輕鬆」「獨立還要更獨立」「自信還要更自信」等，以此類推。所有正面的心態、狀態、情感、能力、思維都要更進一步、更上一層樓。

再舉個例。我之前的電子報開信率大概是 30％上下，我在思考，有沒有辦法可以讓開信率更好？經過研究，我發現付費電子報的開信率會比免費電子報來得高。問題來了──是要追求開信率？還是要追求名單量？這問題對我而言超簡單，當然是開信率！名單量僅不過是虛榮指數，就跟網站流量、社群網站追隨者一樣。（第 104 頁會再進一步分析）

假使 A 君努力衝名單量（求多），讓他得到一萬個客戶名單，其中大部分是不會看信的（至少 70％），要提高開信的數字，必須繼續衝量，但 Email 行銷業者是以量計價，所以你的錢幾乎都浪費在大部分（不開信）的名單上。就好比你花錢買一包

洋芋片，但大部分買到的是空氣。

因為我知道做 Email 行銷，最重要的指標就是開信率，所以為了想要更好，我反而是以收費商品為主。也就是說，每一筆我親手加到名單內的人，多數都是付過錢的，我不但提升開信率，還順便站著把錢掙了。外人不知道這其中的奧祕，會以為 A 君的名單比我多，所以比我厲害。我笑而不語。

我再舉一個例。很多人會把「讀者感謝信」秀出來，這當然很好。只是我發現，日子久了會習慣，它變成一種基準線（baseline）、最低標準、日常。如果你也是一個追求「好還要更好」的人，基本上你每天忙著前進，沒有太多時間提及日常。久而久之，雖然某些人一直 po 文，然而你都不 po，讓外界覺得那些常 po 的人比較厲害。我只能再次笑而不語。

我說的好還要更好，不一定是指某領域的專精，也可能是更好的「時間、能量和資源配置」，讓整體人生都更好。人在某些領域想**求深**，或整體來說**求廣**比較好，但我真的覺得這根本不必選擇，當然是「全都要」！因為好還要更好。當你深究一個領域，再花點時間去求廣，學習如何**轉換經驗**，可以讓第二個領域學得又快又好。我認為人生是可以面面俱到的，可能有些高分、有些低分，但為了求廣，我們不求滿分，只求「及格」

到「中、高分」這個範圍就好。

好還要更好，永遠不要妥協。很多人會自我懷疑、自我設限，說什麼「有一好，沒兩好」，那就只能得到一好——你自己應許的啊。你不認識面面俱到的人，也不相信自己有能力可以成為那樣的人。也有人說，魚與熊掌無法兼得，但有錢不就都可以全買了？有沒有可能一個人的事業、家庭、人際關係、健康、心理全都好？當然有！只要他追求好還要更好，他就會拿捏中間的平衡。當然，總是得付出一些代價，但只要記得**學習不能停**，一定會找到可以兼顧的有效方法。

曾經那些你獲得的榮耀，到後來都只是基準線，跟你每天刷牙、洗臉一樣，不需耗用太多能量，讓你有其他心力去繼續追求新的榮耀。我們不能自滿而停止追求好還要更好，因為追求好還要更好的人，永遠不會自滿。

如果你覺得現在已經很好，恭喜你；但如果你身處「自以為好」的狀態，千萬別相信你不能再更好了。這個觀念應該刻在我們的腦紋上，**不管人生大小事，好還要更好！**

# 2
## 建構四大能力

iPhone 從 1、2、3，到 12、Pro、Max……每一代 iPhone 都更快、更強、更大。科技產品日新月異，每一個新版本都比之前的更好，那麼使用者如你、我呢？有沒有像科技產品一樣跟上這個時代？還是升級緩慢，停留在舊的版本？當我們說要「進步」「變強」「升級成更好版本的自己」，實際上要怎麼做？

羅伯特·格拉澤（RobertGlazer）在他的書《週五前進》（*Friday Forward*）提到一個架構，叫做「Capacity Building」。根據字典，build 就是建構的意思，capacity 有「容積，容量，生產能力（尤指某人或某組織的）辦事能力」的意思。所以：

一張記憶卡的 capacity，指的是它的容量有多大。
一座球場的 capacity，指的是它有多少座位，能容納多少人。
一間工廠的 capacity，指的是它產能如何，最大生產值多少。

當 capacity 用來形容人，我翻譯為這個人的「最大能力值」，

Capacity Building 就是你的「**最大能力建構**」。羅伯特對此定義如下：

"Capacity building is the method by which we seek to acquire and develop the skills and ability to consistently perform at a higher level in pursuit of our new potentials."（「最大能力建構」是我們想要獲得、發展技術和能力的一種方法，以持續高水準的表現，追求新的潛力。）

他提出一個四面向的框架，來幫助我們理解「最大能力建構」，分別是靈性、身體、情緒和學識能力。以下我一一介紹：

## 一、靈性能力（Spiritual Capacity）

靈性能力是一種自我評估：我們是誰？我們最想要什麼？再讓我們的日常生活與這些原則保持一致。首先，要確定核心信念和價值觀，這對許多人來說可能很難，特別是年輕人，他們從未認真思考過人生，深刻內省或自我評估，但建立靈性能力對於充實的生活至關重要。如果不知道「目的地」在哪，可能會浪費大把時間和精力在錯的方向上，原地打轉，一生庸庸碌碌。所以發展靈性能力是必要的，我們必須確定我們想要什

麼、相信什麼，並使我們的日常生活與追求目標保持一致。

以下問題可以常常問自己，讓自己有清楚的方向：

- 我是誰？
- 我的人生使命是什麼？
- 我的核心信念與價值觀有哪些？
- 言行與價值觀如何一致？
- 我常常自省嗎？
- 我有走在自我實現的過程中嗎？

雖然「靈性」一詞聽起來感覺很虛幻、有宗教味道，或許可以把它改稱「精神能力」。不過對我來說，人的靈性是千真萬確存在的，建立靈性（精神）能力是讓我們深入思考人生最重要的事情，包括定義我們的核心價值觀和前進方向。你越早擁有越好，而且要不斷強化。

## 二、身體能力（Physical Capacity）

身體能力是我們維繫健康、加強身體機能的能力。沒有健康，一切都是假的。當身體疲倦，器官無法正常運作，大腦沒有得

到充分休息，行為舉止都會變得呆滯，容易出錯（廣告：「你累了嗎？」）。增強身體能力不僅是飲食和運動，還包括如何管理及應對壓力。大腦會要求身體去做事，但如果身體無法承擔，就會發生悲劇，所以必須要有強健的身體才能使命必達、挑戰自我。重點是：

- 永遠要注意健康
- 要有足夠的睡眠
- 健康的飲食
- 固定的運動習慣
- 面對環境壓力的能力

在四種能力中，身體能力是唯一會隨著年齡下滑的能力，光是維持就很不容易，更別說是強化了。千萬不要等到從醫生那裡得到壞消息時，才發現健康有多重要。時光無法倒轉，身體健康也是。


## 三、情緒能力（Emotional Capacity）

對大多數人而言，提高情緒能力是最困難的，因為這需要管理「感覺」，面對不同人格、個性的挑戰，接受人與環境之間一

定程度的不確定性和不可預測性。具有高情緒能力的人，通常更擅長應對挑戰，並迅速擺脫挫折感，還能帶給他人正向的關係，同時與消耗自己能量的人保持距離。重點包括：

- 人際關係的品質
- 盡力控制情緒的高 EQ
- 能接受人、事、物的不確定性
- 從挫折中快速恢復
- 聚集正能量，遠離負能量

我們常犯一個錯誤，認為情感是性格的固定部分，但正如我們可以透過學習來發展智力，或鍛鍊身體來提高體力一樣，我們也可以訓練自己的情緒反應，並使自己保持穩定。很多時候，我們最大的敵人就是自己，建立情感能力將幫助自己移開這塊絆腳石。

## 四、學識能力（Intellectual Capacity）

學識能力是我們提高學習、計畫和執行能力的方式。發展學識能力通常涉及設定和實現目標，養成良好的習慣和持續學習。大腦就是我們的作業系統，我們要持續升級，智力（腦力）越

強，越事半功倍。學識能力包括：

- 改善思考、學習、規畫和執行力
- 設定並完成目標
- 培養良好的生活習慣
- 持續學習以便事半功倍
- 定期更新你的「作業系統」

如果靈性能力決定生活的大方向，那麼學識能力就建立起日常行動，讓自己朝著目標前進。學識能力的第一步，就是相信自己可以做到。大多數高績效人才的共通點是好奇心，他們一直想了解更多並尋找新信息，進而擴展自己的專業能力。如果認為自己的學識能力是固定的，那麼將永遠無法進步，因此要採取「成長心態」（growth mindset），並積極尋求學習機會。

雖然這是老外提出的架構，不過我發現，其實它對應了我們常說的身心靈和腦。唯有在身心靈平衡的前提下，我們才能進步成長，不是嗎？

另外，這四項能力是相輔相成的，它們可以形成一個「能力飛輪」，**從任一能力開始推動，會引起另外三項能力的轉動**。另一種用法是「脫困」，若自己覺得現在哪裡卡住了，請重新檢

視一下這張圖，有另外哪個能力是你可以突破的？我認為，光是你的身體可以正常運作，就一定可以慢慢的讓這個飛輪轉動起來。

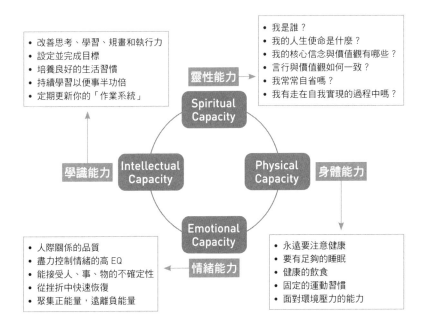

# 3
## 如何讓別人認同你的價值

先問大家三個問題：

- 如果你花 1,000 元買了一張球員卡，再用 2,000 元賣掉同一
  張卡，請問這張卡的價值是 1,000 元還是 2,000 元？
- 你買了台積電股票以後暴跌 10%，所以台積電這家公司的
  價值也跌了 10% 嗎？
- 你去應徵一家公司要求月薪五萬，但對方只給你三萬，那
  你的價值是多少？

「價值」因人而異。同樣的東西在不同人眼裡，願意出不同的
價錢。比如說這個球員是我的最愛，所以我願意出高價購買。

「價值」因市場而異。看空（壞）台積電比看多（好）的人
多，市場就反應股價的波動。

「價值」因時間而異。你的價值還需要一點時間來證明，直到

對方認同為止。

在這三個問題中，球員卡、台積電股票和你，不管在你心中的價值是多少，一定和別人心中的價值有差距。我們撇開球員卡和台積電不說，重點在於你要如何讓「自我價值」和「別人認定的價值」同步？換句話說，如何讓別人認同你的價值。

一九九八年，兩個年輕大學生賴利・佩吉（Larry Page）和謝爾蓋・布林（Sergey Brin）想把他們開發出來的網站，賣給當時最大的搜尋引擎網站 AltaVista，他們想賣一百萬美金，以便回學校繼續唸書；但 AltaVista 認為他們不值一百萬美金，所以拒絕了他們。二〇〇二年，Google 再度找上 Yahoo，問他們五百萬要不要買，包括他們最核心的搜尋技術叫 PageRank，Yahoo 一樣不覺得他們有這個價值，所以也不買。後來的故事大家曉得了：AltaVista 已併入 Yahoo，但 Yahoo 自己的股價也慘絕人寰；反觀佩吉和布林創辦的 Google 現在市值 1.7 兆，為全球最大的科技集團之一。

Google 這一路走來，對他們自己的價值有很堅定的想法。如果買家出低於他們的數字，他們就不賣，繼續努力工作。但我們呢？我們有堅守自己心中的價值嗎？如果你覺得自己值月薪五萬，你會願意對月薪三萬妥協嗎？再者，如果你真的堅信自己

的價值，你覺得自己年薪值五百萬，但在職場上很難有老闆會認同，所以怎麼辦？你只有創業這條路。

我認為多數的上班族，心中根本沒有一個堅定的自我價值，或者說，他們從來沒有認真的思考過，自己到底值多少錢？

老闆給三萬，那就值三萬。

老闆給五萬，那就值五萬。

老闆給十萬，你感覺「回不去了」，無法再接受月薪五萬的工作。

以上情況只顯示一個事實：你的價值是由「別人」而定（含市場），所以你的價值一直在變化，浮浮沉沉、上上下下，但真正的「價值」不應該是這樣啊！你應該隨著年齡、能力、智慧、經驗、影響力而逐年增值，而且增值的幅度應該是由你決定，不是人事主管或老闆。

OK，但你定好了以後，別人不一定會認同。拿我自己舉例好了，我一堂實體課定價兩萬，我自己覺得絕對有這個價值，但別人不覺得啊！先說基本的解答，那就是利用很多行銷手法把

價值做大，這些手法包括「文案」「主視覺」「頭版影片」「使用者見證」「成功案例」「得獎事項」「專業認證」「星等評分」「著作」「社群數據指標」等，加強及優化每一項，這些都可以增加你的價值。然而，這些手法都有其極限，你就算請專業人士來操刀，把每一項都做到滿分，別人也不一定認同你的價值。問題的癥結點在哪？在「你」，別人就不認同你的價值，不管你用多少行銷花招，別人不認同你這個人，就不會用你定出的價錢來買你的產品。

我們一再重覆這個問題：如何讓別人認同你的價值？

我的解法是，把重點放在「別人」兩個字。別人是哪些人？這些人有多少？既然不可能「全世界」或「多數人」認同我的價值，那我就鎖定**「少數人」認同我就好**。一樣以我為例：

我有很多數位產品，買過 A 的人會買 B，當我出 C 的時候，他們就比一般人會更認同我的價值。

我的實體課程一年比一年貴，但每年都有上過課的學員想要複訓，他們花錢再來上一次，也比「一般人」更認同我的價值。

所以「別人」是誰？就是已經認識你的人，已經和你買過東

西的人，這個「別人」不要把他想成「外人」「陌生人」「路人」，請把他想成那些已經和你建立關係的人。你們有了基本的互信，你的作品已有些許的影響他們，他們不同於一般人，他們會比較相信且認同你的價值。

這裡我們可以下三個結論：

① 你現在創造出來的作品，和市場意識到它的價值之間，往往有很大的時間差。你的作品價值需要時間醞釀，所以不要掉入陷阱，認為在當下沒有掌聲或客戶就覺得沮喪，甚至還因此放棄這條路。最慘的是，否定自己的價值。

② 你的作品會開始區分出「有看的人」和「沒看的人」，前者會比較認同你的價值，也許賣給他們就夠了。你所有的作品都有價值，最起碼，它的價值在於「找到更多認為你有價值的人」。

③ 你要堅定你的價值，秉持「價值先決」的做事原則，不可以輕易的被市場攪動而起伏。外界不認同你的價值，那是因為他們還需要一點時間，才會擁有正確的眼光。那些永遠不認同你價值的人，根本不是你要找的人。

最後，我用比特幣做結尾。當年不相信比特幣價值的人，現在卻開始動搖了。那麼比特幣的價值是如何得到越來越多人的認

同呢？也是因為一小群人開始相信他、用市價買他，時間一久，就證明了一切。

# 4
## 身體健康之
## 好循環與壞循環

良性循環（Virtuous Cycle），為求簡便我稱之「好循環」。

惡性循環（Vicious Cycle），為求簡便我稱之「壞循環」。

大家對上面兩個名詞並不陌生。生活中有許多行為看似獨立，實為相互影響，是會形成好循環或是壞循環的。當我們說好循環時，它不只是保持「單一強度」的重複流動而已，而是像《從 A 到 A+》書中所述的「飛輪效應」那樣，**每一次循環都會增加下一次循環的強度**。下面我來談一些和健康有關的：

### 一、睡覺與運動

我很羨慕那種倒頭就睡的人，我一直覺得那是一種特異功能或者超能力，因為我本人很難入睡，一定要安靜、全黑、有

枕頭、有棉被，才有可能慢慢入睡。我躺在床上還會開始胡思亂想，腦中念頭亂竄，甚至有時會跳起來寫筆記，深怕錯過了什麼驚天動地的偉大點子。睡眠對我來說，從年輕時到創業初期，一直都是項挑戰。我讀過這麼多書，當然知道「足夠的睡眠」對一個人來說有多重要，但就做不到啊！

某天我和友人聊到睡眠障礙，他說了一句話：「晚上睡不著，是因為白天不夠累。」── 就這麼簡單一句話，卻讓我反思再三。有這個可能嗎？我是用腦力工作的人，在身體上的操勞的確不夠，但我當時依然用「文人」的習性去過每一天，睡眠問題持續存在。

在家工作者，每天活動範圍就是椅子底下輪子的移動範圍，連站起來伸展都很少。老婆提醒我去運動，我都說：「已經很累了，哪有力氣去運動？」但是真的，身體久不用，它越來越虛弱，因為腦力工作訓練不到肌耐力和心肺功能，四肢無力感很重。但為了健康，我硬著頭皮去運動，先從家附近的健走開始，光是緩緩的小上坡都會讓我氣喘如牛。初期要走很久、走很快才會流汗，但現在我只要穿上運動鞋，汗就準備開始流了（身體知道）── 就這樣，神奇的事情發生了！只要我當天傍晚有去健走，那晚就很容易睡著，雖不至於屢試不爽，但十晚有八晚，這樣就已經很好了！

我開始覺得「睡覺」與「運動」產生關連。我越運動，我睡得越好；然後，我睡得更好，更有精神和力氣去運動……就這樣，進入一個好循環。假設我連續一個月運動，連續一個月睡好覺，那在運動和睡眠的品質上，就會比一個月前來得好。這個觀點在《原子習慣》書裡也有講到：好習慣就是你的盟友。「運動」無疑是個好習慣，「良好的睡眠」應該是日常中最重要、首先要滿足的事。

現在的我，有固定的運動習慣（其實就是走路到流汗而已），而且只要頭一沾到枕頭，就可以在十分鐘內入睡。我想我已經練成了超能力！別羨慕我，快去運動吧。


## 二、飲食與活力

當我們對工作失去活力，沒有心情工作，很可能是出於飲食問題，特別是醣類以及加工食品。吃越多醣，越無力工作 —— 這來自於我親身的慘痛經驗。

我剛開始在家工作時，由於一整天坐在電腦前動腦，每工作到一個段落，就會想去找吃的。我不確定從哪裡看到一則**害人的訊息**，說用腦工作的人會想吃甜食，所以愛吃甜食的人都很有

創意、很聰明。我糊里糊塗相信了這種訊息（顯然我不是聰明人），所以我開始吃甜食，特別是每餐飯後都有吃甜點的習慣，常常到了下午兩、三點就想睡覺。因為我頭上沒有老闆，沒有 deadline，床就在隔壁房間，我常常就直接去睡了，有時睡一小時就會自動醒來，有時睡到天昏地暗，忘記自己身在何處、是白天還是晚上，甚至比晚上睡得還沉……

我起初沒想太多，反正自由工作者就是有睡午覺的權力，想睡就睡吧。但慢慢的，這現象越來越嚴重，上午都還算清醒，但只要一吃過午餐，頭腦就開始缺氧想睡，步伐沉重，四肢無力，也難以集中心力工作，電腦亂亂看，FB 亂亂滑，生產力非常差。十之八九，我會任性的走進臥室，躺下來休息，縱使我心裡有幾絲的罪惡感，大白天的，大家都很認真的在上班，只有我躺在床上。外面的陽光微微透進來，我很愧疚，但眼皮還是不爭氣的慢慢闔上……

老婆開始控制我的飲食，我們兩人進行低醣生活，並沒有少吃，只是精準的控制每天碳水化合物的攝取量，儘量不吃飯、麵、麵包和其他加工食品，當然也不能再喝那罪惡的五十嵐。才實施兩週，我就看見明顯的效果：體重穩定的下降，而且沒想到的是，我的活力也增加了。然而，我是個貪吃的人，有時老婆一不注意，我就會偷吃雞排、紅茶、維力炸醬麵，飯後再

來個蛋塔 —— 然後又開始愛睏了。

所以我得出一個結論：如果我想要活力滿滿的工作，就得注意飲食；如果吃了超額的醣類，就會開始昏昏欲睡，嚴重影響當日的生產力，然後進入一個壞循環。

每個人的飲食習性不同，有句話說 "You are what you eat."，包括乳製品、麩質、醣類、加工食品都有可能讓你的身體機能變慢，需要額外的動能去消化，導致腦袋無法高效運作，影響工作的活力。相反的，我們也可以使它變成正循環，對飲食的攝取越有意識，吃得越好，身體運作越順暢，頭腦越清晰，工作效率就越好。

別再相信「吃飽才有力氣工作」，這不是事實，因為要看你吃什麼。當然我知道這很難，畢竟天下美食這麼多，什麼都不能吃也太殘忍，所以我週末會放縱一下，反正不工作，然後平日才儘量執行，維持正常的精神和活力。

說真的，我自從發現飲食和活力之間的關係後，對於自己的身體性能更有掌握度。假設我某段時間必須專心工作，那我就不會吃太多醣類，那些美食留待週末享受。如果你和我從前一樣，陷入吃多、睡多、吃更多……的壞循環，不如學我從飲食

習慣開始切入，給自己的身體一些喘息的空間，對於每天吃下肚的東西，一定要有意識和正確的觀念，這將是人生優化的一個關鍵點。

結論就是：**如果工作要有活力，就要吃得對。**

# 5

## 離開虛榮指數的
## 情緒陷阱

我看到連續創業家謝恩·梅洛（Shane Melaugh）的一部影片，大意是：假如你突然有兩百萬個追蹤者，你的事業就會開始賺錢嗎？賺很多錢嗎？—— 應該會吧！

先別急著下結論。美國有一位網紅，她有兩百多萬個 Instagram 追蹤者，當她開始賣 T-shirt 的時候，只賣不到三十六件。有些專家說，這不是單一個案，其實還蠻常見的。為什麼有這麼多追隨者，卻沒讓她賺到錢，對她的 T-shirt 事業沒有幫助呢？因為這些數字都是「虛榮指數」（Vanity Metrics）。

什麼是虛榮指數呢？那是一種幻覺，讓你自我感覺良好，但對你的事業沒什麼幫助的數字。這些虛榮指數包括社群網站追蹤者、分享次數、按讚數、投票數、甚至流量 —— 它們都是虛榮指數。去追逐這些數字，你會容易陷入一種幻覺，一種事業正在成長的假象。事實上，這些數字的成長跟你的事業並沒有

直接的關係。它**看起來**是正確的方向，這些數字有成長，感覺很好，更多的追蹤、訂閱、按讚數，潛意識會讓我們認為事業成功了，但這比較像吃了迷幻藥，讓我們感覺輕飄飄的，但不一定有實質收入的增加。方便的社交媒體重視運算法，更強化了這種幻覺，因為很容易就取得大量的讚。所以問題是：怎麼逃脫這個陷阱？更正確的指標是什麼？還有其他作法嗎？

謝恩・梅洛說，想像有一個光譜，在光譜上的一端是「運算法」，也就是這些虛榮指數，你就像倉鼠卡在跑步機裡，每天忙碌的奔跑，張貼更多社交貼文，嘗試贏得按讚數，迎合各類的運算法……漸漸的，你做的所有東西都為了數字而寫，數字導向的結果就是你失去**真實的聲音**、你的商業目的、和你助人的初衷，因為你唯一關心的事情就是數字，每天不檢查就不自在。你被數據制約，更可笑的，還是不真實的數字。

光譜的另一端是「象牙塔」，也就是活在自己的世界裡，你想寫什麼就寫什麼，你覺得自己什麼都是對的，也以為別人都會喜歡。很多創業家都有這個問題，非常的自負，只專心打造一個自己想做的產品，不在乎市場的現況。結果如何呢？產品上市後根本無人問津。所以光譜的兩個極端都會走向失敗，我們需要做的是**平衡**，也就是在光譜的中間適時移動。一方面我們要表達自己的價值觀、興趣和立場，但同時也要關心市場的反

應，接受反饋，適時做出調整，才能讓事業有所成長。

創業家要用真實的聲音去跟市場上存在的需求交會，平衡很難，因為兩端都會爭相拉你過去，特別是虛榮指數很誘人。誰不想看到很多讚和分享？我們創作時若能有「即時反饋」（instant feedback），就會更有動力前進，所以若沒有其他特定的指標出現，我們很容易會被虛榮指數拉過去。

那什麼才是重要的指標呢？我覺得是「網友的互動品質」，可能是一則留言問你問題（嫌貨才是買貨人），可能是針對產品的意見，或社團裡的聊天打屁。這些**情感的交流**才是你應該重視的地方，我們可以很輕易、精準的看到有多少粉絲數量，卻無法一一去測量他們的忠誠度：這些粉絲的「質」，是萍水相逢的停留在表層，還是愛你入骨的的忠貞鐵粉？

凱文・凱利（Kevin Kelly）知名的「一千鐵粉」（1000 true fans）理論說，任何形式的藝術家或創作者，只要有一千個鐵粉就能維生，創造自己的事業。True fans 是指有參與感，會跟你互動的粉絲，是有可能跟你買東西的人。虛榮指數裡也許有鐵粉，也許沒有，所以不必看到別人的訂閱人數比較多，或網站流量高就妄自菲薄。如果他們的粉絲僅是停留在「表層」，那對他們來說只是自我感覺良好，事業是否有成長還很難說。你的

粉絲數比較少，但比較精實，都是鐵粉，說不定收入還比他們高。

曾經有篇文章回顧二〇〇八年的百大部落格，到二〇二〇年只剩十五個仍頻繁發文。在這條路上，如果虛榮指標之一的「流量」跟事業成敗有直接關係的話，那為什麼有85％的人不再繼續？沒寫在這篇文章中的事實是：許多部落客並未列在百大內，但現在事業發達得很。同樣寫部落格起家，有人利用流量當跳板，創造了名聲和事業；有人仍停留在衝流量，卡在這個虛華的陷阱中。

不可諱言的，多數人都在嘗試建立龐大數據，他們想要一萬個追蹤者、十萬個訂閱者或百萬級網站流量。他們必須拿著大聲公，去對最多人竭力嘶吼 —— 我認為這是滿累的作法，與其賣力喊叫，不如用更直接的方式，例如：一對一的私訊，或對一小群的族人建立關係，培養長期的信任。因為一份可持續的事業是建立在會員信任上，而不是對你認識不深，對你言行不在乎的大眾。也許我說的這條路走比較慢，因為建立信任需要時間，但走越慢關係越穩固，細水長流也沒什麼不好，做生意不是只有越快越好這個選項。

創作是為了深深的影響別人，也許做這件事不會增加虛榮指

數，但其實有意義多了啊！你深深的影響五個學生，讓他們對社會產生正面貢獻，比起你在大禮堂一次對五百人演講，大家聽完就走，你想要哪種結果呢？

切記在這個光譜上，我們是可以自由移動的，你在發揮影響力的同時，也要保持商業上的成長 —— 你有一百萬粉絲，卻一貧如洗，就無法繼續下去。社群網站的跟隨者、YouTube 的訂閱者，要把它想成是一堆虛華的數字，這些數字要讓它變得有意義，就要將之導向商業結果，例如開始賣你的產品。如果沒有產品，只有很多粉絲，你很有可能還是窮困潦倒。唯一的指標，就是銀行帳戶裡的數字。在光譜上保持平衡是一門藝術，你應該熟能生巧的。

# 6
## 你有學到對的東西嗎

「活到老，學到老」是傳統智慧，新的說法是「學到老，才能活到老」。我想繼續探討下去，我認為「學得好，才能活得好」，不管你多老，你學不好，就活不好。

不是說「學習能讓人成長嗎？」為什麼有的人學一下就會，有的人學很久還不會？以我自己開課來說，一班二十個人，一年一百個學生，我教的內容都差不多，為什麼某些人成就非凡，某些人進步緩慢，某些人原地打轉——同樣是抱著學習的心前來，有熱誠有動機想進步，但結果卻差很多呢？

知名小說家村上春樹習慣早上五點起床，晚上九點睡覺。他說他「寫長篇小說時，每天凌晨五點起床，泡杯咖啡就開始工作，重點是立刻開始寫，不要閱讀。」三十三歲的秋天他開始跑步，早上寫作五、六個小時以後，出門跑十公里，他覺得穿美津濃的球鞋最好跑。他原本有抽菸的習慣，一天要抽六十支，但後來隨著年紀大了，這個習慣也戒了。在飲食習慣上，

他口味清淡，自己做飯時都用新鮮食材，做沙拉只放檸檬、橄欖油和鹽。他說：「食物以蔬菜為主，攝取蛋白質主要靠魚，少吃米飯，減少酒量，也不太吃甜的東西。」他家沒有電視，除了寫作和閱讀，他的興趣還包括繪畫、音樂，他也很擅長翻譯，把自己喜歡的英文小說翻譯成日文。他說：「一天跑步一個小時，來確保自己的獨處時間，跑步時不需要和任何人交談，只要看看周圍風光，凝視自己，這是無法替代的寶貴時光。」

假設我們也想成為村上春樹這樣的作家，從他的自述中，我們可以學到什麼？

- 想當作家要早睡早起
- 喝咖啡能提升靈感
- 跑步能讓自己頭腦清楚
- 戒菸不會讓靈感枯竭
- 吃的健康才能有體力
- 作家需要獨處時間
- 美津濃的鞋子適合跑步

或許以上都是，但我會說這些全部都不是重點。如果只停留在字義上，那就只學到「邊緣」，沒有學到「核心」。這段話的

學習重點是什麼？是他的**意志力**。雖然在文字上，我們沒有看到意志力這三個字，但最重要的核心，往往都是表面上看不見的。

早起要不要意志力？要。

跑步要不要意志力？要。

戒菸要不要意志力？要。

清淡飲食要不要意志力？要（我認為這點最難）。

如果只是去學表面上的、看得見的、被公開的資訊，那並不懂得真正的學習。真正有效的學習是那些看不見的東西，那些成功人士不一定會白話直述的東西，那些你隱約覺得有共通點、必須看穿事情的表層、加一點經驗才能推得的背後重點。找到它，然後把它學起來。

太多人學錯了東西，看到某個知名人士透露日常儀式、穿著打扮、工作習慣，然後以為自己照做就能成功。你穿上麥可‧喬丹（Michael Jordan）的鞋子，就能和他一樣灌籃嗎？你學村上春樹跑馬拉松，就能寫出《1Q84》嗎？你把郭台銘說過的金句

全部背起來，就能成為台灣首富嗎？這些顯露在外的東西，根本就不是成功的祕訣，那只是他們成功了以後，所說出來的東西。

使他們成功的是 mindset，也就是**價值觀**和**原則**，這些東西他們可能自己都無法說清楚，除非有人能引導出來，或是他們有時間整理出來。這些隱形的東西深埋在潛意識中，他們做了太多次、太久，變成自動化的習慣。另外一種可能是，他們認為說出來，大家可能反應不好，和主流意見、認知有所抵觸，所以寧願選擇不說，自己默默的做就好。

人品才是基底。很多藝人、政客、企業家私德敗壞，卻還能有一定影響力，甚至有人把他們當偶像，學習他們的所作所為，我真的感到很驚訝。如果你想學到對的東西，第一步應該是「識人」吧？一個心地不正、傷風敗俗的人，怎麼敢大言不慚的去教別人呢？我們又怎會想要學他們呢？要真正學得好，應該先問：誰才是真正值得被學習的人。

# 7

## 需強迫自己的七個習慣

自律是需要練習的。若你做事還需要別人來逼，當沒人下指令時，多半會停滯不前。正常來說，沒有人可以逼你，只有你自己可以逼自己。我雖然自由慣了，但還是會逼自己做以下七件事，嘗試養成習慣。有些是每天做，有些是每週做，或是至少每月做一次。

### 一、閱讀和寫作（每天）

我認為閱讀和寫作是**所有人**每天必做的事。閱讀，不一定是看書 —— 能看書當然最好，網路文章或社群內容也可以。每天至少花一小時以上閱讀，保持資訊持續的 input（輸入）。同等重要的是寫作，把腦中的想法 output（輸出）成實體的文章或影音，每天至少寫五百字以上。資訊的 input 和 output 要同時流動，就像開窗戶讓空氣流通那樣，我更喜歡把它比喻為：就像我們的**呼吸**一樣。一呼一吸，閱讀是吸，寫作是呼，閱讀和

寫作就是我們每天的必要行為。


## 二、運動（每週至少三次）

這也是老生常談，但不是每個人都能做到，所以仍要再提醒一次。每天下午孩子放學，我會陪她在家附近散步。我會換上運動鞋跑到喘，停下來走一走，再跑到喘，至少要讓心跳加速喘個三十分鐘左右。如果可以，盡量每天運動，但最少每週運動三天。最簡單、最健康的運動就是走路，每個人都會，請不要找藉口。電腦族要另加一項：用零碎時間做點伸展動作，保持血液循環，頭腦也會更清楚。如果嫌麻煩，久而久之健康就會出問題。


## 三、和家人見面或打電話（每週）

打電話給你的爸媽，分享一些日常大小事，他們會很高興，如果可以見面的話更好。爸媽希望聽到我們的聲音，和我們聊天，和我們吃飯、出遊、討論一切。我每兩天會打電話給我媽一次，用視訊聊天，讓她和孫女講講話。每個月我至少會回家一次，在家或出門吃個飯，聊聊近況，共享天倫之樂。

## 四、主動邀約朋友（每月）

縱使現代人可以透過網路做一切事情，我們還是需要實體世界的朋友，而且要每個月可以出來聚一次。我有好幾群不同的朋友，包括每個月會至少打一次壘球，跟一群大叔們一起熱血沸騰好幾個小時。還有一個健行團，每個月會去戶外健行，或挑戰某步道甚至谷關七雄，爬完山就去吃間好餐廳，有歡笑、有汗水。每個人都喜歡被邀請參加活動，但不是每個人都會主動去辦活動，不如你就主揪一下吧，讓大伙兒都開心。找間想吃的餐廳，和三五好友去聊聊八卦或垃圾話，絕對是有益身心的社交活動。

## 五、整理（每週）

這個字博大精深。可以整理的東西太多了！包括書桌、書櫃、衣櫃、某個房間、電腦檔案、玩具收藏、冰箱食物等，每週去找一個項目來整理。說是「整理」，其實就是**斷捨離**，把該丟的丟一丟，才可以再買新的會讓你有乾淨、簡化、井然有序的感覺。斷捨離除了是一門技術，也是一種 reset（重置）的心態。我們每天努力往前衝，偶爾需要停一下，重新檢視一下，再出發。我認為整理自己的生活周遭，實行斷捨離，就是這種

時刻。

## 六、財務檢視（每月）

收入會影響心情，收入越高就越開心，收入不明就開始焦慮，
所以如果不能每週，至少每個月要 check 一下財務狀況，包括
下個月、下下個月的收入有哪些？有沒有可以優化的方法？可
否開闢新的收入管道？如果不行，是什麼造成阻礙？把這些阻
礙打通，不要停止思考。

賺錢的起點就是要用力去想「錢怎麼來」「錢怎麼到我這裡」。
當你有錢之後，檢視一下目前的分配，有多少比例放在銀行、
不動產、股票、虛擬貨幣、公司營運、生活開支、旅遊玩樂基
金等。手上金錢 input 和 output 的流動，也是一種必要的呼吸。

## 七、放空（每週）

對於某些人來說，工作的時候緊繃，下班以後就放鬆。但創作
者如我，腦子永遠在運作，似乎沒有下班時間，所以我會逼自
己放空，把時間花在不必想的事情上。例如：對發票、打電

動、看 Netflix。一般人可能會覺得很可笑，看電視、打電動還需要自己逼自己？對，因為太熱愛工作的人，無論在上網、寫作、研究新東西，假設給我五小時的自由時間，我會把它全部花在**工作**上面。然而，後來我知道這樣不行，我需要放鬆，把精神和注意力從工作上移走，這是為了更好的工作表現。

我雖不是什麼生產力大師，但我還發現一個常見問題，那就是：很多人看了很多生產力的書籍或習慣養成的影片，但什麼也沒做，然後……

就變成了習慣。

所以換個方式吧！不必逼自己每天一定要做什麼，硬去養成一個日常作息或儀式，但基本紀律還是要有的，所以我覺得**以週為單位**是不錯的折衷方法，既不會太緊繃且難以達成，又可以培養紀律，完成該做的事。所以，請大家試著回答這一題：

**什麼是你可以強迫自己做到的每週習慣呢？**

# 8
## 給 20 歲的職場建議

我的青春期是在加拿大渡過的。很幸運的,我學到英文裡有一句話:

Learn in your 20s.
Earn in your 30s.

意思是,二十歲的時候,在職場的重點是學習;三十歲以後再考慮賺錢。二十多歲的年輕人剛從學校畢業,開始面對現實的世界,此時爸媽斷了財源,他們自力更生後才會發現「錢很難賺」,同時各方面成本增加,所以找工作時可能以薪水為優先考量。反正學校學的用不到,自己也還在找興趣,哪間公司給的薪水符合期待,就去哪間公司。殊不知這樣的職場之路正是最危險、最不正確的開端。

打從一開始就被錢主導職涯方向的話,之後的路就很容易走不好。更重要的是,你學到的東西會比較少。想像你對網路行銷

有興趣，現在有兩家公司有意願雇用你，A 公司是大公司，另一家是小公司 H。A 公司會給你比較高的薪水和福利，可能月薪五萬，年終兩個月，國外員工旅遊，還有二十一天的年假；H 只給月薪三萬，沒年終，沒員旅、沒年假。我猜大部分新鮮人會選擇 A，因為把兩家公司放在同一個天平上比較，大公司的好處完全碾壓小公司，笨蛋才去小公司。

除了薪水和福利好，大公司的資歷還能讓你的履歷表更好看，轉職下一份工作更順利，對不對？一半對、一半錯，原因在於你三十歲以後的職涯目標。如果你想當一輩子的上班族，那是對的，你的履歷表應該盡可能填上大公司的名稱，但如果你的職涯目標是某一天想創業，那履歷表上的東西根本意義不大，因為你要自己創業了，你無須再用一張紙去向誰證明你的能力，你的能力會真實反應出創業的成敗，甚至你在大公司的經歷不一定會加分，說不定還是扣分。

很久以前，我去聽一個行銷講座，講師是台灣 Yahoo 的行銷經理，他講了很多廣告行銷的方式，但每一個都是必須花幾百萬才做得到的作法。底下一個觀眾舉手發問：「如果小公司沒有行銷預算，我們可以怎麼做？」我看台上的講者瞬間呆住了，他完全沒想過這個問題，在他的心裡，應該從來沒有遇過這種情況。因為他在大公司，掌握大預算，想怎麼玩行銷就怎麼

玩，完全不了解小公司在行銷費用上錙銖必較，根本沒錢花，所以他說的招式對小公司來說根本無用，不知民間疾苦。

你也許覺得，在大公司可以學到更多關於企業如何運作的經驗，但事實剛好相反。你最多就是個管理人，不會是老闆，因為大公司的分工很細，你一個小螺絲釘不可能學會全部的東西。就算你看得清大局好了，但自己創業時，因為你沒有從 0 到 1 的磨練，你預設有足夠的資源去為所欲為，還自以為那些都是你的能力，結果拿掉名片後毫無用武之地，憑一己之力連生存下來都有困難（而且你的開銷可能很高），怎麼辦？你只好再去投履歷，盡可能在那張紙上寫得精彩點。但很可惜，你什麼都沒錯，就錯在越來越老⋯⋯

反觀，去小公司做事，你學習如何從頭開始，也可以近距離觀察老闆的起家過程。放眼任何事情，從 0 到 1 都是最難的階段，去大公司的壞處就是你完全跳過了這個階段，就像小 baby 還沒學會爬，就直接用跑的。你對「基本功」完全沒經驗，導致某天創業時，還是得重新學習，到時候是否能撐過這段學習期就不一定了。

因此請切記，二十歲在職場上的重點是**學習**，薪水其次。學習的重點是「未來我如何創業」，如果你學不到相關的東西，就

應該轉職。轉職的重點也不是薪水高低，而是潛在的學習機會比較多，可補足上一份工作沒學到的。你要保持清醒，不可以被錢牽著走，應該讓「創業思維」引導你選工作，因為所有的工作都是**暫時的**，你的履歷表終有一天變成廢紙，你的能力不會僅存在一張紙上，而是在每天的行為上。

二十幾歲時，你的周遭是充滿**危險的**，父母、老師、同學、社會媒體都會推你往主流的方向走，叫你走安全的路，從小公司到大公司，到最後夢想就被埋葬了。和同學比的是誰待的公司比較大，誰的年終領比較多，而不是誰的夢想達成率有多少。等到你老了，後悔了，沒有去做自己想做的事，你已經結婚，有孩子，有車貸房貸要扛，你被固定收入綁死了；當然，你的夢想也死了，只剩下更新過的夢想，那就是「保持現狀也不錯」。

真正愛錢的人，多數都是創業家。二十幾歲你能賺幾個錢？你要懂得的是去適應不確定性，然後去卡一個舒服的賺錢位置。這世上沒有完美的老闆、完美的工作、完美的環境或完美的另一半。你只能找一個**夠好的**，然後去適應、調整、共同成長。你應該知道複利效應的威力，金錢和時間都是，「雪球」若從二十幾歲就開始滾，那麼三十幾歲就可以滾到很大。

說那麼多二十歲的職場學習觀念，鼓吹小公司比大公司好，那還有更好的嗎？有，直接去創業，這是最快的方法。因為你才二十歲，無妻無子無房貸，可以承受失敗的風險，"You have nothing to lose." 你就去創看看，失敗了再找工作，覺得準備好了就再去創一次，又失敗了就再回來找工作。這樣三進三出、屢敗屢戰，也非常 OK —— 因為我本人就是這樣的。

# 9

## 給 30 歲的職場建議

**「去創業！」**

這就是我給大家的建議，就這麼簡單。

前一篇已經說了 "Learn in your 20s. Earn in your 30s."。如果我們人生以賺錢為目標，假設有兩個你：一個當上班族，十年來藉由升遷、加薪、投資來賺錢；另一個自行創業，以公司的利潤來賺錢，這兩個你在四十歲的時候，誰會比較有錢？

你會說：「不一定啊。」沒錯，的確不一定。如果你進上市上櫃公司，年終領好幾個月，加上投資得宜，平均年收應該可以很不錯。另外一條路，創業的頭兩年可能不會賺錢，大概在第三或第四年才打平，第五和第六年開始有盈餘，第七和第八年開始收入倍增，等到了第九和第十年，如果沒有胡亂投資，收入才會衝上新高；把頭幾年沒賺錢的時間攤平，十年的平均年收跟當上班族比，不都差不多嗎？

錯！差很多！因為人不是只活到四十歲就退休，上班族的平均年薪每年都差不多，有 10％的增幅就很了不起，成長線是平緩的，這十年內若來隻黑天鵝，你可能連工作都不保。反觀創業，你的增幅曲線是慢慢上揚的，類似 Nike 的 logo 那樣，往上鉤的；當你撐到創業的第十年，它是停在高點的，接下來的第十一年開始，收入基準線早就超過上班族不知多少倍 —— 這還不包括若你找到第二成長曲線，還能繼續賺更多錢。

更重要的一點是，創業這十年的過程是完全不一樣的經歷，經由創業，你提升自己各方面的能力，這是身、心、靈整體的進化。另外，你的快樂是**分散式**的，而不是集中在每月的五號（發薪日）。如果創業賣東西，每天都有人下單，縱使強度不大，但頻率高，每次你收到「成交通知」心裡都會爽一下，無時無刻都可能快樂，這樣的生活才是真快樂。人生的大快樂是建築在日常的小快樂上，上班族卻很難體驗這樣「快樂（＝錢）隨機出現」的感覺。所以，就算薪水很高又怎樣？如果只期盼像颱風假這樣的小確幸出現，其實在感到快樂的頻率上就輸創業很多了。

我很幸運的，在三十歲時就擔任外商公司的台灣區經理，年薪超過百萬。照理說，我的心情應該很好才對，可惜沒有比

較，沒有傷害。身為一個中年男子，財務上的壓力是無可避免的，我就在想，為什麼我這麼厲害，卻賺得比人家少呢？我越想、越去比較，心情就越不好，唯一的解藥就是去要求老闆加薪——工作六年，的確加薪三次，但慢慢的，我感到自己「上不去了」。老闆有他的考量，不可能無止盡的幫我加薪。怎麼辦？我只能自己當老闆，自己幫自己加薪，我努力一點就多賺一點。上班族有這個可能嗎？不可能，除非要兼差，**但兼差不也是一種創業嗎？**

你想賺錢，就要進步；你想進步，就要給自己壓力、貨真價實的壓力。什麼壓力最**逼真**，就是如果不努力想出賺錢的辦法，下個月就要吃大便了。「絕望是靈感的來源」，就算你創業失敗，其實也算一種成功，什麼意思？這是我的親身經歷：二十六歲時我第一次創業，在台中開英文補習班，嘗試半年後徹底失敗，於是又回台北找工作。我投了一家網路公司，應徵策略發展部經理，在老闆及主管面試後被錄取，因為老闆說我有「創業經驗」——我這才發現，創業經驗可幫助自己找下一份工作，若以這種角度來看，創業成功當然最好，失敗也有好處。這麼說來，創業究竟有何風險呢？一個有能力的人，永遠都可以回職場不是嗎？

如果你可以承擔想像到的失敗，銀行裡又有「備用金」，何不

試試看，把這些錢想成是「追夢金」？但要切記：

## 一、勇敢做夢

要做夢先要有「夢」，因此自我洗腦是很重要的。「睡覺也能賺錢」「在海灘上工作」這些畫面你可能曾想像過，實現夢想本身就很好玩，雖然我不覺得創業家會躺在海灘上工作，但要我說一個比較實際的夢，那就是**每天都有收入**（＝每天心情都很愉快。）

## 二、有穩定的動力來源

如果你的身邊都是上班族，你多半也只想當上班族。想成為創業家，你必須主動被創業家圍繞。身處怎樣的環境，就會有怎樣的資訊和心態。創業維艱，你必須要有源源不絕的動力，特別是初期情況不明朗的狀態下，你的動力來源「頻率」要比「強度」重要，就像看到一個 YouTuber 年入千萬（強度），不如每天有十個人留言說你好棒棒（頻率）。

## 三、要有計畫

若你是個謹慎的人，擬定一份「死前驗屍」的風險規畫（見第167頁），清楚預見所有可能會發生的問題，然後去預防它們發生，以及如何應對（包括黑天鵝事件）。多數人上班時很會幫公司企畫，卻從未為自己的人生作過什麼企畫，逆來順受，為錢低頭，沒時間好好的作長遠規畫。這篇文章你是看完就算了？還是會真正拿出紙筆，寫下你未來三、五、十年的計畫呢？

## 四、靈活轉型

市場多變，人心更善變。成功的創業家善於快速調整，快速修正路線，對市場和消費者的喜好有敏銳度。這條路不通，就走別條路。當你前方看似死路，靈感一定會及時出來拯救你，走出一條事後你自己都叫好的路。

## 五、要有耐心

讓子彈飛一會兒。頭兩年沒賺錢是正常的，給自己和潛在 TA

（Target Audience，簡稱 TA，指目標受眾）多一點時間。如果第三年開始還沒賺錢，請看以上四點，你必須學會修正。如果到第五年都沒賺錢，但是人還活著，可能要再回頭檢視第三點，你有明確的方向和計畫嗎？

創業是需要練習的。我自己也是練習過三、四次之後，才有現在的成就。而且說實話，我自認根本還沒到 Nike 鉤鉤的一半呢！三十歲是人生的「黃金十年」，要把狀態最佳的十年放在最好的地方。雖然創業很難，你得花十年跟它一搏，但比起都消耗在別人的事業上，不如來為自己作點什麼事吧！

# 10
## 給 40 歲的職場建議

人到了四十歲，正式步入中年，可能已婚、有小孩、有車貸房貸、有身體逐漸衰弱的雙親要照顧，正是所謂的「三明治」世代，壓力來自四面八方。如果你還是上班族，多半已經無法動彈了，你的薪水對於整個家庭來說至關重要，不能中斷，所以你離創業、逐夢越來越遠。你看著那些同年齡的創業家朋友，有的發達了，有的比你慘，你傾向去聽那些創業未果的故事，以安慰自己好好當個上班族也不錯。你選擇忽略那些成功的故事，看著他們發達，只會徒增自己的困擾，顯得自己無能，你的煩惱和壓力已經夠多了，不要再去想什麼創業啦！你的家人也一定不會支持，所以把那些創業點子鎖在抽屜裡吧。你已經過了職涯的「黃金十年」，你無法也無力改變什麼……

四十歲的創業家如果沒有三十歲時的練習，到了四十歲還是得走這一趟。然而，體力既沒有年輕時那麼好，經濟壓力也比較大，相對於年輕時的 "nothing to lose"，現在你有很多 "lose"，所以你害怕，感染了「厭惡損失」（loss aversion）。

但根本的問題在於：你把創業想得太大了！我建議你打破對創業的刻板印象，**縮小你的創業項目和 TA**。誰說一定要大公司、熱門項目才算成功？只要有一千人願意買單，你就算創業成功了。難道你花十年的時間磨一劍，還滿足不了一千個人嗎？

四十歲的你工作時間會越來越少。問問那些有小孩的創業家就知道，當小孩爬到身上時，是不是就會放下手邊的工作陪他玩（你一定要！）？還有，雙親的身體越來越不好，除了要負擔醫療費，可能還得常常跑醫院。其他更多（必要的）的時間殺手會不斷出現，你真的無法像年輕時那樣，當個全心全意投入的工作狂，四十歲的你有更多「生活」要忙，不再只有工作。所以在有限的工作時間內，效率就很重要，你必須要提高時間的槓桿。

創業初期，你需要一個工作系統、框架或準則，事前安排時間計畫，不然別人（包括自己）就會來占用時間，例如「玩樂」會來找你，Netflix、PS5 都在那裡等你。四十歲的你應該要比二十、三十歲更自律，更懂得強迫自己每天要有進度，養成良好的日常習慣，例如早上五點起床 → 打杯蔬菜汁 → 冥想十分鐘 → 寫一千字等等。你可以參考別人的作法，但都要自己試過一陣子之後，才知道有沒有效；你得試試不同的組合，才能找到你感到最舒服的日常，達成高效的產出。

回想人生不同的階段，你的日常作息是什麼樣子？我認為四十歲唯一的不同在於**健康**，你的日常作息要以健康為主。與深度工作同等重要的是**深度睡眠**，一定要睡得好，才能工作得好。善待大腦，因為大腦好，在有限的工作時間內才會工作效率好。

如果你到了四十歲仍是上班族，我覺得創業其實不算太遲。在體能允許的條件下，你依然可以在下班時間創業。把你的職場經驗整合一下，想想看會有誰需要？縱使小眾也沒關係（第 160 頁會談容易創業成功的 D 象限），嘗試把它變成一個商品，例如書籍、課程或訂閱服務，然後慢慢的、一個一個的銷售出去。由於你每月五日仍有薪水進帳，副業收入的壓力並不大，重點是要開始「為未來鋪路」。當你越來越老，在職場上的競爭力越來越小，如果不趁現在搞個副業，你會有安全感嗎？你的家人會有安全感嗎？都四十歲了，應該是人生逐夢的最後一次機會，還不趕快把握嗎？

想想巷口那家牛肉麵店。如果它都可以，你沒有理由不行！

# 11

## 100％法則成就
## 更好的未來自己

組織心理學（Organizational Psychology）博士班傑明・哈
迪（Benjamin Hardy）提過一個觀念叫「未來自己」（future
self），大意是說你未來有哪些可能，其中一個你覺得最有可能
的未來自己，會塑造你的「現在自己」和你的發展方向，並朝
那個未來自己前進，到達那裡，實現它，所以想像未來自己能
夠幫你建立自信。就像奇異博士可以時光旅行看到未來的許多
可能性一樣，其中有一個就是你的未來自己，這個你預期的未
來自己，將會引導你現在的行進方向。

正面心理學（Positive Psychology）的核心概念叫 perspection
（透視）。身為人類，我們有能力看到不同版本的未來自己，
你最堅定相信的那一個，就會影響你的心理狀態和生理機能，
這是決定現在的你是誰的最大因素。

「從前的你」和「現在的你」無關。班傑明・哈迪說他十年前

沉迷於電動，但十年後他對此不再感興趣，因為時間的優先順序已截然不同。我們每個人都有弱點，那些會上癮的東西、多餘的干擾、舊有的價值觀……這些弱點是從前的你所累積下來的，我們必須移除這些弱點，才有可能變成未來自己。

知易行難，我們該如何斷開弱點？班傑明‧哈迪引用克雷頓‧克里斯汀生（Clayton Christensen）說的"100％ is easier than 98％ ."（100％比98％容易）。意思是，如果你對一件事只有98％的承諾，表示你其實沒有下定決心，因為你仍有其他選擇。所謂的100％，表示必須移除所有的其他選項，如果只有98％的心態，你一定會偶爾破例，因為你仍有2％的例外機會。那2％的例外，表示在面臨選擇的時候，你要再做一次決定：做，還是不做？基本上這又是一個很艱難的抉擇時刻。

例如：你在戒糖，但最好的朋友結婚，切了一塊蛋糕給你，這時候是吃還是不吃？此時的你天人交戰，也許內心的小聲音就會告訴你：「吃吧！一百次中兩次的配額，也才用掉一次而已。」

但如果你的決定是100％，也就是不可破例，那事情就簡單多了——不吃！你連想都不用想。但如果只有98％，意志力一定會被「情境」給打敗，這些情境包括各種人情壓力、特殊場

合、難得時刻或自我放縱等，所以要移除所有的可能性，沒有一絲一毫、0.01％的其他可能性。讓自己不必做選擇，事情就簡單多了。所以，100％比98％容易。

當我們把「未來自己」想得很大、很好、很棒的時候，我們就應該利用這個100％法則，移除所有的弱點，完全不留一絲一毫的可能性。如果你的未來自己想有健康的身體，你從現在開始就決定不吃糖，100％的拒絕。或是你想成功創業，從現在開始就要以100％的決心投入，不要再有2％的猶豫，因為一旦你給自己選擇的空間，各種情境就會來影響你的選擇，使你躊躇不前，也使你每次都必須天人交戰，因此充滿困惑、不知所措。

在量子力學的領域，有個定律叫極權原理（Totalitarian Principle），意思是「任何事若沒被禁止，就必然會發生」（Everything not forbidden is compulsory.）。若我們不100％承諾會移除我們的弱點（上癮的東西、壞習慣等），等於是讓它繼續發生；但若是我們可以做到，我們不再拖延，就能增強自信、一步一步走向我們理想的未來自己。籃球之神麥可・喬丹也說過：「當我做了一個決定，我就不會再想它。」（"Once I made a decision, I never thought about it again."）

結論就是，如果決心只有 98％，註定你的未來自己會失敗，各種外界壓力將無孔不入，妨礙你的每項決定，你的人生依然充滿困難。想要更有效率的生活，更棒的未來自己，請遵守**最簡單的** 100％法則。

# 掌控你的生財能力

「錢」關係著你的快樂，
所以你應該主導自己的快樂，
打造獨一無二的理想工作環境。

# 1

## 成為自己的聚寶盆

我們正處於一個「不進則退」的大環境中，不但要進，還得要快，因為新科技淘汰舊工作的速度超乎想像，中、老年人跟不上，年輕一代缺乏好的環境和機會。職場和工作的定義似乎已不再符合以往的認知：工作經驗和財富快樂並不保證正相關，太多人卡在錯誤的職位上，越努力，卻越不快樂。

網路和科技崛起，打亂了原本循序漸進的生活及工作節奏。人的一生變成在跟時間賽跑，新的概念科技你可能才剛聽過，然後就取代了你的工作。我們已經無法保證什麼是「鐵飯碗」，沒有什麼工作會是永久的，而且重點是，鐵飯碗根本不值錢——那早已是過時的概念。在極度競爭、幫別人工作不一定妥當的時代，我們要自己成為「聚寶盆」，特別是利用網路來打造自己的聚寶盆。

職場如賭場。我們先賭產業、再賭公司、再賭老闆，我們得好運連連才能成功。另外，職場的機制也設計得和賭場很像，台

灣政府保護財團，因此資方是莊家，遊戲規則不利於勞方，你待越久，輸的機率反而越大。很多人會反駁：「當上班族有固定薪水進帳。」跟在賭場輸光光不一樣啊！然而，雖然每個月有錢進來，卻付出比錢更寶貴的資產：我們輸掉了青春、最佳的工作身心狀態、以及這段時間的機會成本。

假設二十五～四十五歲是你的「黃金工作時期」，你是否認真想過，人生最菁華的二十年，如果只做一份工作，待在一個產業，那會是什麼？我猜大多數人都沒有想過，很可能只因為學校念什麼科系，出社會的第一份工作就找相關產業，然後開始累積在該產業的經驗，越資深就越難改變職涯軌道。先不說這是「過度求學」的副作用，但我認為理想的工作不應該是學校畢業後的延伸，應該找到自己熱情和專長所在，再投入自己人生菁華的二十年。

再說機會成本，那些「你原本可做，而且做得很好，但卻因為工作綁住你而沒有去做的事」，每個人心中都有理想或夢想，人生只有一次，黃金二十年更是短暫，但就像馬雲說的：「晚上想想千條路，早上醒來走原路。」多數人懼怕改變，心理學上稱為「厭惡損失」，這解釋了為何多數人走保守路線，面對未知，缺乏勇氣。也許是低估自己，也許是不想過度勤奮，或是沒有一個「觸發物」讓他們去思考未來（**但我希望這本**

書是）。一個具有創業家性格的人，除了對自己的專業有自信外，也會相信自己能克服困難，他們面對未知的方法是**創造自己的未來**。

如果你去問創業家，他們是否願意放棄創業，回去找工作領薪水，他們可以非常容易算出來他們要的報酬，可能是月薪五萬，或年薪百萬。但多數人毫無想像力，日復一日的上班不就是那個樣子嗎？黃金二十年該追求的不應只是數字，還有其他的人生面向，也就是說，創業家根本不會去想機會成本，因為他們正「**活在機會當中**」（這六個字請覆述一遍），而人生最昂貴的成本就是時間。我聽朋友說過，他創業第一天就後悔了──後悔怎麼沒有早點出來創業。

何時是適當時機？想在賭場贏錢，就必須在贏錢的時候走人。我認為職場也一樣，應該在你「混得最好」的情況下考慮離開。

我在 EmailCash 台灣區經理這個位置上整整待了六年。區經理這個職位讓我能一邊工作，一邊建立業界人脈，也漸漸累積自己的名氣，增加未來創業的成功機率。因此，我認為不管在什麼公司或產業，什麼職位或工作內容，「在職工作」可說是創業前的準備。進可攻，退可守，一點一滴都同時在幫公司和自

己累積資源。懷著一顆創業家的心，去幫現在的公司賺錢，就像在做「創業的熱身」，**先證明自己的能力可以，再去證明自己可以做到。**（這不是繞口令）

當你興起創業的念頭，你會開始用不同的心態去面對「在職」這件事。從正面角度來看，你注意起老闆的言行舉止，揣摩他的思維方式；你累積自己的業界人脈關係，不再參與辦公室政治的勾心鬥角，遠離酸言酸語、愛抱怨的同事和茶水間八卦。表面上，你會維持好人際關係，依然盡忠職守，私底下開始累積自己正職以外的實力，包括多面向的投資自己，嘗試跨界兼差，鑽研各種賺錢和理財的方式，等待那一天的到來。

當你學習到足夠的公司管理知識，也累積了一些業界人脈，和屬於自己的數位資產，就是離開賭場的時候了。去哪呢？當然是搭上網路浪潮，經營一份屬於你自己的網路事業。

不是因為我是「網路人」才捧網路，所以才建議大家都來做，事實就是網路是這時代的「風口」，連豬站在風口上都會飛起來。任何生意或才藝，只要結合網路都會事半功倍，產生經濟回饋。無論你目前從事什麼行業，都應該盡快跨界進來。網際網路的成長若對比人類，還只是一個年輕人，網際網路事業若要成熟，至少還要再一、二十年，這對我們來說已經綽綽有

餘，絕對值得餘生投入。

就算你尚未離開現在的崗位，很多人說要「創造多元收入管道」，真正用意其實是降低人生的風險。當風險降低時，人生的自由度會增加，也就是說，你不能一直停在原地，做同樣的事，賺同樣的錢，因為世界變化的速度越來越快，所以「雞蛋不能放在同一個籃子裡」，這也是為什麼斜槓會越來越流行的原因：一、沒人嫌錢多；二、不能把心力都放在同一間公司。所以我們要斜槓，甚至我們要跨界。

不要再相信「從一而終」的專業。你也許聽過日本有位壽司之神，六十年來他只做好一件事，就是捏壽司。一生懸命的職人精神，無疑是種美德，我們應當在自己的專業領域上深耕再深耕，直到成為「○○之神」──這沒有什麼問題，除了都把雞蛋放在同一個籃子裡。從一而終的職人精神固然令人敬佩，但放到未來世界不一定能有用，因為科技變化太快，現實永遠比想像的誇張。沒有什麼籃子是不會破的，因為變才是唯一的不變。你怎麼知道哪天機器人做出來的壽司不會比較好吃？我覺得**人生最大的風險，就是不去承擔風險**。

除此之外，一輩子只做一件事，這樣的生命不是很無聊嗎？人生追求快樂，成長也是快樂的來源之一。專業深耕到了頂端，

成長的速度會變慢，甚至停滯，導致快樂也跟著消失；一旦跨界，那種學習、成長、有進展的快樂又回來了。因此跨界除了分擔風險，也能長保快樂。

大家以為「跨界」是生涯轉彎甚至砍掉重練，其實不一定，它也可以是一種自然的演進。這段過程其實是很自然而然發生的，機會來了我就抓住。我順水推舟，竟然發現慢慢的水漲船高（很多邀約不好意思拒絕之類的），我的視野變得更遼闊，能力變得更全面，競爭力更強，生活品質更好。這好比玩遊戲一樣，當你某個職業技能滿點後，就應該轉職繼續賺點數，例如從戰士轉到法師再轉到牧師。你不但充滿力量，還學會魔法，最後還可以幫忙補血救人。

每個人都要嘗試走出舒適圈，因為**「最棒的東西」**和**「最好的自己」，都在你的舒適圈之外。**

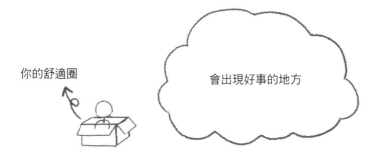

你的舒適圈

會出現好事的地方

# 2

## 長大後想做什麼？
## 我的五項工作條件

小時候，我們一定會被問到「長大後你想做什麼？」多數人可能回答醫生、律師、消防員、藝術家之類的，但我保證長大後九成九都沒有實現，而去當了公務員、上班族或 YouTuber。我不會說問這個問題毫無意義，但「工作」「職業」「生涯規畫」應該**因時制宜**，端看個人生命中的機緣和造化，怎麼可能小時候就知道！你去問現在一線的 YouTuber，他們小時候想過拍片維生嗎？當然不。因為 YouTube 創辦於二〇〇五年，真正開始有 YouTuber 這個職業應該發生在十多年前。所以，我們根本無法預知未來會有什麼好職業。

很多年輕人說，他們在網路上寫部落格、創作，他們的爸媽無法認同，都希望他們去找一份「正當」的工作。所謂的正當，意思是你爸媽聽過這個職業，理解這份職業怎麼賺錢，表示這份職業存在於他們的年代，不需多做解釋。我的回答一向是：如果你爸媽知道這份職業，表示這是一個傳統職業；但如果你

從事的行業是長輩不熟悉的，表示你正走在時代的尖端，新的職業往往都有**產業紅利**，會比傳統職業擁有更多機會。爸媽不了解這個時代，不了解當下最夯的職業，當然，也不一定了解你真正的興趣。

二〇〇一年，我初入職場，當過實習生、菜鳥業務、超級業務、行銷主管、專案經理、台灣區總經理、公司負責人……兩次創業失敗，第三次才成立像現在這樣的一人公司。我也有聽過我爸媽的建議，好好念書，找份正當工作，在職場上晉升，然後等領退休金。然而，隨著我見多識廣，對世界的運作和職場生態的知識超越我爸媽，我知道他們的規畫不能說是「錯的」，但「不是最好的」。他們給我的是六十分的規畫，但我看到了九十分的可能性。我當然要走更好的路！

這段路途尚未結束。就像我剛才說的，最適合的工作也許尚未出現，誰能預測未來呢？但從這段路，我可以歸納出以下五點就業準則，分享給大家參考：

## 一、這工作是幫自己累積價值，還是在幫別人累積價值？

這是最重要的一點。任何一件事你持續做，有朝一日就會是你

的強項，但是可否轉成人生的最大成就，端看是為自己做，還是為別人做。

因為我們要 "Work Less, Make More."，所以如果是花人生多數時間在幫別人建造資產，那你自己就不會擁有。我的職涯前十年正是這樣，我的能力全奉獻給別人，不過其實我心裡一直都有創業家精神，所以就算我在為別人工作，心中所思所念都是「這如何幫助我未來創業」「我以後可以照這樣做」。如果你不是富二代，必須自己先賺一桶金才有錢創業，那請像我一樣，做任何工作時，想的都是幫自己累積價值，直到時機成熟，終於自立門戶的那一天。

## 二、工作是創造，還是守成？

具有創業家性格的人喜歡開創性工作。我在帶領 EmailCash 三年後，其實就有點膩了，最後兩、三年都交給一位同事負責守成，我一直嘗試一些新企畫，因為我覺得從 0 到 1 這階段最令我興奮。雖然大多以失敗收場（未達到預期目標），但說實在話，一旦成功了，也就代表玩過了，嘗鮮期就過了。如果創業者不帶頭衝新的項目，那誰來做呢？職場上很多專業經理人，適合且擅長守成，「開創」和「守成」是兩種不同能力和個

性，缺一不可；而我非常清楚自己只喜歡開創，不是守成。

## 三、這工作有多少自主性？

工作的自主性（autonomy），意指這份工作你有多少決定權？你可以自己決定工作時間、地點、進度、目標、甚至內容嗎？有越高的自主性，通常越會把它當作是自己的工作來做。越優秀的人才，越重視自主性。我回想我會去 EmailCash 工作的原因，最主要就是老闆不管我，我們面試後的第二天，他就飛回澳洲，只跟我說去看看澳洲版官網，由我決定在台灣怎麼做最好。我深深被這點吸引，等於是拿固定月薪，在做創業的事，我擁有極大的空間和自由度，利用公司給的資源，去打造一個台灣版的 EmailCash。當然，這種給予員工高度自主性的老闆很少，所以若一直遇不到，最終還是得自己創業。

我之所以不想當企業顧問，也是因為這點無法讓我滿足。身為企業顧問，你可能跟業主提了十項建議，礙於資源或其他原因，最後只會執行其中的一～二項，也就是說你辛辛苦苦幫他們規畫，但執行權不在你身上。**自主性＝決策權**，如果自己想要的工作，但想實現的點子卻沒有高度決策權的話，那就不算一個好的工作。我相信很多原本很積極的上班族，被老闆打槍

過很多次之後，也會失去對該份工作的熱情，全都是因為缺乏自主性。

## 四、要和怎樣的人相處？

對於交友和人際關係，我主張寧缺勿濫。有些人就是跟你不對盤，還要跟他每天見面、相處、互動、甚至共事，不覺得是一種折磨嗎？還有，管理下屬的問題，我無法估計自己面試過、雇用過、解雇過多少員工，有些人怎麼教都教不會，來硬的來軟的都不會改變。我自私的認為，為何要把生命浪費在這些人身上？你用心盡力去改變一個無法改變的人，天底下最浪費時間的莫過於此！如果是聰明機靈、有心改變、認真學習的員工，我也很愛管理他們，而且一定盡力提拔；但事實上在職場，特別是中小企業，這樣的員工真的太少了，所以我寧願開一人公司，去管理優秀的外包人員就好。

## 五、這工作能持續學習嗎？

我的座右銘是「學習不能停，好還要更好。」我喜歡開創性的工作，因為我可以持續學到新東西。如果日復一日用同樣的技

能組合去工作，我真的受不了！我在政大唸 IMBA 的某個暑假，因為拿到某銀行的獎學金，必須去銀行實習兩個月。老天！那是我人生最痛苦的兩個月！說真的，我完全失去了那段記憶，人家從外面看我西裝筆挺、人模人樣的進出辦公大樓，其實我每天跟坐牢一樣，都在倒數下班的時間。「學習」是生命的活力來源，如果一份工作無法讓你持續學到新的東西，趕快離開吧！這不是金錢或時間的問題，而是攸關生死的風險。

說真的，我們都還有時間**長大**，因此請細心觀察社會和職場動態，沒人規定你不能隨時轉行。問問內心，你當下的興趣和熱情是什麼？能不能想出一個商業模式把它們變現？用力的去開創，認真投入二～三年，勇敢的嘗試一次？我們都還在持續學習，所以我們都還年輕。讓過往的經驗幫助你，打造一個獨一無二的理想工作吧。

**你可以的。**

# 3
## 以終為始的創業原則

多數人是先有了百萬流量、追蹤者、訂閱者，才去想如何變現，這是**從起點開始的創業**，且戰且走，隨機應變，缺乏長遠計畫。相反的，「以終為始」的創業是一開始就有短期和長期目標，還有一個夢想的終極目標。對我來說，創業是一連串有計畫性的行動，一開始需要一點衝動，但一旦開始，你必須快速計畫、快速行動、快速驗證，你需要方向感，抵達一個「終點」，這個終點簡單來說，就是你想要過的生活，更重要的是，你想用什麼方法抵達那個想要的生活。所以要問自己兩個問題：

① 你想要的生活是什麼？（訂立終點）
② 你想用什麼方式走到那裡？（過程長怎樣）

假設我們第一題的答案是「賺很多很多錢」，那一般人和創業家的差別就在於第二題。

我從三十歲開始思考人生、工作和財富的大哉問。我想要的生活是：

- 錢多事少離家近，自由長壽受尊敬
- 沒人管我，沒壓力
- 不愁錢，常常旅行，多陪小孩和家人
- 行有餘力時可以幫助別人

後來，我看到一句話可以歸結，那就是"Work Less, Make More."，於是我除了自己朝這個方向努力，同時也幫助許多人朝這個方向努力。分清楚你的「終點」和「過程」，並在任何時間點都要看長不看短。先設定好你每天、每週、每月、每季、每半年、每年、每兩年必做的工作，這是以時間換取產出的價值累積。舉例來說，一個知識工作者的創業過程包括：

- 每天：寫兩百字筆記
- 每週：寫兩篇文章
- 每季：製作兩張簡報或圖表
- 每半年：錄製兩集節目（在 YouTube 或 Podcast）
- 每年：研發一門線上課程
- 每兩年：出版一本書

從短期、小工作開始專注，慢慢累積，接著才去設定大目標、大工作。有些大工作你不會馬上看到，是在做小工作的過程才會看見，譬如你寫十篇文章以後，才會興起出書的目標。我最建議的創業方式就是**慢慢來**，在觸手可及的範圍內**稍微**去勉強自己，只差一點點就可以做到，那就再用力伸展一點，然後手臂越伸越長，觸及越多東西。好比健身，在保持穩定的呼吸之中，慢慢加重啞鈴，然後你就能增進力氣，達到新標。

如果你設定的標準過高，例如日更，常常達不到，對自己感到失望，那你就會喪失信心。尤其若僅是興趣，會覺得沒達成也無所謂，反正又不是靠這個賺錢，於是你開始放棄，耍廢，離目標越來越遠。相反的，如果降低你的動機，一再降低動機，也就等於你從來沒有立下這個目標了。

我認為行事決策都要結果導向。一年看五十本書不是結果，一年寫五萬字才是。像是每天發電子報、一年研發一門線上課程等，這些結果大多是 output。「以終為始」的奧祕在於設定一個有趣的目標，一個可追隨的願景，而不是設定要多少觀眾、多少追隨者。什麼是「終」？我想，擁有十萬名觀眾不是終點，而是達到十萬名觀眾的目的是什麼？如果你的目標夠有趣，願景夠吸引人，人們自然會聚集，人們自然會關注你。線下活得有趣的人，來到線上才有人關注。

你當然可以假裝很吸引人，例如 YouTuber 寫好腳本，拍一個時事話題，再用特效去豐富畫面 —— 但說真的，這樣的編劇只能撐一陣子，持久性、耐看度才是最困難的。第二個祕密是，除了願景要夠吸引人，過程也要開誠布公，以有趣的方式對外分享。你知道，一個最精彩的故事，就是讀者跟著戲中主角成長、打怪、再成長、打更強的怪；如果是創業故事中的主角，前往終點的過程本身就會吸引觀眾，越多的觀眾則讓主角前進的速度越快，所以只要集中在「分享有趣的過程」「帶著觀眾打怪」「堅定不移的往終點前進」這三個階段，你必定會抵達目的地。

最後，你會來到一個更高的境界。你的「終」其實不是創作或創業，而是**享受你的人生，幫助更多的人**。在追求這個真正的「終」的過程中，創業、工作和賺錢只是副作用而已。創業的過程比結果重要，你其實是在享受每一天，抵達目標是遲早的事，而且在快樂指數上，「有進展」往往比「已抵達」還令人興奮。

# 4

## 創業就像跳棋，
## 要找出自己的路

創業是很 tricky（微妙、難處理）的學問。想成功，你要先有產品和市場。打造產品時可能付出很高的機會成本，風險在於萬一產品做出來以後沒有市場，你浪費了大把時間、精力或金錢。可是，「市場」是什麼？什麼叫「有市場」？

談到市場，我們會想到：

- 有多少潛在客戶？
- 他們願意花多少錢？
- 他們多久會買一次？
- 他們花錢的意願高嗎？
- 產品的未來性好嗎？

同樣是飲品，賣牛奶、賣咖啡、賣手搖杯的市場就不同，後兩者的市場很大，但麻煩的地方在於它不一定值得你做，因為太

競爭了。如果你是創業新手，沒有金錢和名氣，勢必得花很多心力才能和市場既有者競爭，所以縱使你有了產品和市場，仍不太容易成功。

也就是說，我們應該避免：

- 在紅海市場推出產品
- 在很多競爭者的情況下推出產品
- 看到別人做得好，就模仿他們的產品
- 搞不懂這個市場為何這麼熱，但還是投入

紅海市場表示有這個需求，但除非你是創業老手，否則成功不會是你的。你也許認為這市場那麼大，只要有市占率的 1％ 就好，但事實是，你的產品若沒有差異性，連 1％ 都很難得到，因為消費者只想要最好的。就像你知道智慧型手機有市場，你做了一支比不過大廠的手機，卻妄想會有 1％ 的市占率，這根本不合理。

不論紅海或藍海，對新手創業家來說，你要瞄準的是一群尚未被滿足的消費者，他們是會花錢的人，有人證明過這一點，但你可以做得更好。這樣的機會並不明顯，你若是從**外面**看，是看不到的；只有你在**裡面**，你才會知道「有市場」+「還有一

群消費者沒被滿足」兩個條件同時存在。舉例來說，你看到街上很多人在排隊買手搖杯，你確定這是個很大的市場，但你可能看不到機會在哪裡？但如果你是手搖杯的**局內人**，可能是重度使用者或業者，才會發現不同的機會，也許從茶、糖、珍珠、健康意識、品牌信仰的角度來做出差異化，才會有機會。

你可能聽過很多創業故事，都是因為創辦人自己有需求，然後在市場上找不到滿意的產品或服務，才乾脆自己來，結果就成功了。這樣的故事正是「有市場」，然後局內人發現「還有一群消費者沒被滿足」，做出產品後，贏得有同樣煩惱的消費者。創業就是在**對的市場、對的時間、賣給對的人。**

當然，創辦人必須要有對的技能，若你沒有技能，也要有對的資源，所以創業是一連串的「看見＋跳躍」，就像是在玩跳棋，你身在局中，看到一條**通路**跳過去，然後別人也會移動旗子。也許是湊巧，也許是刻意布局，有時候你一步棋就可以跳很遠，但多數時候，你都在龜速移動，為「跳很遠」做準備。棋盤中的局勢瞬息萬變，你所面對的也可能不只兩個對手，所以創業家才要步步為營。

統整一些**好機會**的特徵，包括：

- 有一群消費者的問題急迫需要被解決
- 消費者願意付出時間和金錢去解決
- 消費者對目前的公司、產品或服務充滿抱怨
- 每天都有人問類似的問題（而且你都可以回答）

相反的，如果多數人滿意現有的產品，只有少數人抱怨或提問，就表示你比較難與之競爭。

創業家心態像是一個衝浪者，如果沒有浪，你的技能毫無用武之地。當你看到一個大浪即將來襲，你要有能力站上去，此時需要技術、好的位置、力量，然後保持平衡，隨浪而起，讓大浪帶著你衝高。衝浪的基本功包括什麼？

- 該領域的專業知識
- 人脈
- 正面聲譽
- 對市場的洞悉
- 對 TA 的了解

你的基本功越好，能站上浪頭的機會越大。尋找和你同等級的對手一起競爭，可讓你的學習更實在，成長更快。

有了大家想要的產品還不夠，你還需要**通路**來觸及客戶。

一開始，自己要有夠多的朋友，當你有了產品原型，可以請信任的朋友幫忙測試。朋友若夠多、產品又夠好，說不定就開始爆了。英文有個創業術語叫 traction，意思就是「開始上軌道」。想也知道，你若已經鋪好很多軌道、橋樑、道路，也就是不同的人脈網路，你更容易有 traction，所以為什麼創業家也需要打造個人品牌，因為有名之後，這些造橋鋪路的速度會變得更快、更方便、也更便宜，節省未來產品的行銷成本。

就像知名網紅開了一家手搖茶店，根本不需要花錢去買 FB 廣告。如果你這位創辦人沒有知名度，就得去鑽研 FB 廣告怎麼投放最有效益，繳很多學費，不斷測試，結果還不一定有效。

創業真的很不容易。我覺得最難的一點，就是要當局內人一陣子，才會找到**可能成功**的點子。你要不斷的挑戰自己：

- 我怎麼知道大家想要這個？
- 我如何找到需要我產品的人？
- 我還有多少資源可以用？何時用？
- 我做 A 還是 B 比較好？
- 我的哪一塊還需要加強？

- 我的客戶真的滿意嗎？

這條路雖然艱難，但其實滿有意思的，讓我們一起加油。

# 5

## 怎麼創業才容易成功

我一再鼓吹創業的諸多好處，建議大家要自行創業。但除了畫大餅之外，下面也會給你實際的作法，告訴你創業要如何開始，如何降低失敗的風險。文章的最後，我也會告訴你有哪個創業點子現在可做，而且我覺得每個人都可以做，所以想創業的人，看完文章後就開始行動吧。

先看下面這張圖，我們把創業的領域分成四個象限：

### 創業的選擇：需求大＋競爭高 vs. 需求低＋競爭少

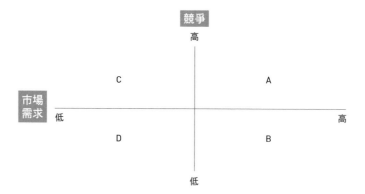

- A 象限：市場需求大（熱門主題），競爭高
- B 象限：市場需求大（熱門主題），競爭低
- C 象限：市場需求低（冷門領域），競爭高
- D 象限：市場需求低（冷門領域），競爭低

先來大致區別一下各象限包括什麼產業，當然這並不是絕對的、標準的答案：

| 象限 | 特質 | 產業 |
|---|---|---|
| A | 高需求、高競爭 | 民生產品、服飾、網路商城、3C 商品及配備、美食、旅遊、媒體、物流、汽車、通訊、零售等 |
| B | 高需求、低競爭 | 有兩種可能，一是壟斷或國營企業，但這是一般創業家不可能接觸的一塊。第二種可能是「趕流行」，不過一般來說，半年內就會有人進來搶食，讓競爭程度變高，慢慢趨向 A |
| C | 低需求、高競爭 | 市場小，但還是有很多人想做，例如傳銷、直銷。另一塊是高價奢侈品市場，一個「需求被過度放大」的市場 |
| D | 低需求、低競爭 | 從字面上來看，這個象限不就是沒人想做的領域嗎？需求低，題材太冷門，連競爭者都很少 |

若我們從沒創業過，該從哪裡開始？我的答案是 D。

大家應該都知道，創業的第一個階段性目標就是要「活下來」，如果你沒有任何創業的經驗，或是有龐大的資源如幾百萬現金

可以燒，那麼你覺得在哪個象限最容易活下來？答案肯定不是高競爭的 A 和 C，因為在此象限的人都已經很厲害了，你會像隻誤闖森林的小白兔。所以初次創業者一定要先避開高競爭的市場，你毫無經驗，資源短缺，你拿什麼去跟別人（既有業者）競爭？此時的你不是要賺大錢，而是要活下來。

扣除 A 和 C 的高競爭市場，你只剩下 B 和 D。理想上我們當然想做 B，因為市場需求比較大，但我剛才說了，如果有塊沃土，不可能只有你發現，就算你先發現，可以先跑個半年，但 B 是最多人快速湧入的地方，大家只要看到某個市場興起，流行什麼，都會一湧而上，其中不乏大財團或比你厲害的團隊進來，你若沒有足以抗衡的能力或資源，可能一下子就被超越，最終仍是被淘汰。

沒有人想做 D，因此你的競爭壓力不大，D 的市場也小，沒有大咖要進來賺這塊，所以你可以慢慢做，在比較安全的環境下**練習創業**。從 D 開始，你比較容易活下來，穩紮穩打，累積創業經驗、能量和資源，然後在銀彈充足了以後，再去挑戰高需求市場。進入 A、B、C 就像是你越級打怪，很容易陣亡；唯有 D，可讓你累積實力，慢慢發展。

另外一點，當我說「需求低」，請問那是多低？是跟誰比？我

們永遠低估小眾市場，所謂的小眾是多少人？一百人、一千人、還是一萬人？如果是凱文‧凱利說的「一千鐵粉」，這市場不也夠我們賺了嗎？如果這個小眾市場可以發展到一萬人、兩萬人，那不就也有成長空間嗎？也就是說，我們一直待在 D 也可以存活，好好照顧一萬人中的一千人（市占 10%）就是一門不錯的生意了。如果後來這市場被你經營起來，市占有成長空間，受眾也有成長空間，光是在 D 稱霸就會讓你賺翻了！如果因緣際會這個 D 變成了 B，市場變大，你因為已經是其中的領導品牌，就會是最大的受益者。所以無論我怎麼看，都是從 D 開始創業最好。**避開競爭，先在小眾稱王；若市場變大，你也跟著成長。**

選定了出發點，我們來看要怎麼做比較容易成功？首先，我們應該列出所有人們會花錢的地方，以我看來，要將創業成本降到最低，所以先刪除一大半的「實體」，包括實體商品、實體店面、實體服務等，因為做實體不但前置成本高（要進原物料、倉庫、包裝等），後置成本也高（要客服、維修），非常不適合新手創業家，我們應該從虛擬商品開始。再來，我們列出所有人們會花錢的虛擬商品。以我看來，創業成本最低的就是「教學」，你把你的知識能力分享出來，賣給需要這些知識能力的人，你可把知識數位化、規模化、自動化，就會產生無比強大的長尾被動收入。唯一的問題是：你要賣什麼樣的知識

或能力？

我把知識能力分成兩大類：硬技能（hard skill）和軟技能（soft skill）。關於這兩種技能，有很多種辨別的方式，一般來說是：

- 硬技能：寫程式、繪畫、樂器、數據分析、機器操作、軟體操作、運動健身等。透過時間訓練，越練習越熟練，比較屬於**技術性的能力**。
- 軟技能：人際關係、溝通、團隊合作、創業、時間管理、領導力、魅力等。一樣需要練習，但也可能渾然天成，比較**情商性的能力**。

兩種都很重要，所以我們要創業，應該先教哪個？我的答案是**硬技能**。因為軟技能比較「重視外在」，很吃個人表達能力、魅力、情緒感染力，市場上能將這些特質發揮到淋漓盡致的人，一定都是頗具盛名的教學者，你身為一個新進創業家，暫時還不要跟他們硬碰硬；再者你沒有群眾基礎，粉絲太少，累積粉絲需要時間，走「軟技能」這個方向會比較慢。這當然不是說不能教軟技能，只是比較起來，硬技能會比較容易開始 —— 如果你有任何硬技能可以教的話。

然而，如果你沒有那麼多硬技能，就應該去學一個起來，大量

練習、熟悉，直到可以出師。這裡我的選擇是「軟體教學」，因為軟體層出不窮，好用的軟體可以幫助人們增加生產力。當一個新軟體問世，你只要身先士卒去使用、研究、練習、熟悉，把使用經驗、操作方式、心得、建議公開分享出來，就會累積對該軟體有興趣的觀眾，你就可以輕鬆的搭著這套軟體的順風車，開始有了自己的觀眾，其中某部分變成粉絲，再一部分願意花錢跟你學更多，一門教學的事業就此誕生。

Google 問世以後，有了 SEO 市場；Facebook 出來以後，有了社群行銷和廣告投放的市場。手機 APP、筆記軟體、各種遊戲攻略、視訊直播軟體、iPad 電繪、Line ／ Telegram 行銷等，每當有新軟體開始普及，就是創業最好的時機。只要你願意投入時間去學習，就可以出來教別人，因為你走得比別人前面，當然可以教後面的人。每樣軟體或工具都應該有其對應的教學者，就看誰動作比較快，我認為這就是一種硬技能的變現。接著，再結合你擁有的軟技能（溝通表達、業務行銷等），來刺激市場需求，讓你的事業更有吸引力。

不管你幾歲，只要有心想創業的話，我的結論是從 D 區開始，下班以後學習一個硬技能，把它練熟，然後開始教別人，累積觀眾，用軟技能去說服觀眾來買。以上過程是我認為創業風險最小，但報酬夠大的創業之路。如何證明呢？只要去 Hahow

或 PressPlay 看有多少位課程講師是你從未聽過、但學生卻很多的就知道了。

如果你已經創業，D 區已經做好做滿，那不妨試試跨區，追求更大的市場，把 D 區當做事業基底，提供你資源去擴大版圖。成功當然最好，失敗也隨時可回頭。創業應該是一種你擁有的技能，每克服一關就讓自己升一級，可說是人生最值得玩的遊戲。

# 6

## 失敗演習：
## 談「死前驗屍」管理法

多數人會去模擬成功，先規劃出一個商業計畫，列出所有可做的事，並一一去執行 ── 這沒有錯，但有時計畫趕不上變化，某些突發事件（或者說巨大的黑天鵝）就擾亂了原本的計畫。**每一隻黑天鵝的來臨，就是財富重新分配的時候。**好比這場疫情重新改寫了旅遊業，這一波會把多少旅遊公司從歷史抹去。當這些公司死亡，驗屍報告會怎麼寫呢？

死亡、驗屍報告、分析死亡原因 ── 這些聽起來很驚悚的名詞，正是英文 "mortem" 的意思；"pre-" 是字根，在「○○前」的意思，所以 pre-mortem 合起來就是「死前驗屍」。但人都還沒死，哪裡會有屍？這意思是在事情發生前，先去假設它已經失敗，分析致死的原因。任何商業計畫或新點子都可能有很多種的死法，死前驗屍是一種經營策略，根據維基百科的解釋：

A project team imagines that a project or organization has failed, and then works backward to determine what potentially could lead to the failure of the project or organization.

（專案人員去想像一個計畫或公司已經失敗，然後反推回來找出造成失敗的潛在原因。）

負責人員必須在一起腦力激盪，討論所有的失敗原因：可能是來自競爭者的威脅，可能是消費者行為的改變，可能是行銷力道不足，或是資金太少燒光光等。這樣的討論主要目的有兩個，第一是讓大家更清楚潛在風險有哪些，正視這些「有可能會發生的問題」，沒遇到最好，遇到了也不會手忙腳亂，因為早有心理準備和配套措施。第二，讓大家用保守的態度去執行計畫，發起人通常會有認知偏差，看待計畫過度樂觀，導致相關人員也忽視小地方，然後被突如其來的問題打個措手不及。你也許聽過墨菲定律（Murphy's Law）：「凡是可能出錯的事就一定會出錯。」所以最好凡事先做準備。

死前驗屍有個重要的原則，就是要假設病人**已死亡**，然後討論小組（驗屍官）才去檢討死亡的原因。之所以要這麼嚴格，就是為了盡可能擬真，以降低各種問題的發生。檢討時間通常是以六個月或十二個月為一個區間。舉例來說：

我計畫在六個月後上線一個線上課程。我組成一個小組，先向大家宣布此計畫已經宣告失敗，原本設定報名學員會有一百人，後來只有五個人報名，此課程已死亡。我們現在來驗屍，找出各種死亡的原因：

A 說：「因為課程沒有市場需求。」

B 說：「因為課程賣得太貴，別的課比較便宜。」

C 說：「因為沒人知道這堂課，行銷不夠。」

D 說：「因為這堂課的銷售文案寫得不吸引人。」

E 說：「因為課程講師惹人厭。」

F 說：「因為課程內容太少。」

G 說：「因為這堂課被別人黑。」

綜合 A ～ G 的說法，可以看出很多失敗的可能性，每一個都有可能發生。當列出所有死亡的理由，你可以如何針對性的來解決、防禦、或將傷害降到最低？例如：

|   | 失敗原因 | 可能解法 |
|---|---------|---------|
| A | 因為課程沒有市場需求 | 設定一個目標人數,假設是一百人,然後針對潛在客戶一一去說服 |
|   |         | 異業結盟來創造市場需求 |
| B | 因為課程賣得太貴,別的課比較便宜 | 推出三人團購價 |
|   |         | 價格不變,贈送其他好康,提升附加價值 |
|   |         | 找到國外類似的課程,做個比較表,證明你不是最貴的 |
| C | 因為沒人知道這堂課,行銷不夠 | 請網友大大幫你推廣 |
|   |         | 下廣告 |
|   |         | 免費分享部分內容來換得 Email 名單 |
| D | 因為這堂課的銷售文案寫得不吸引人 | 花錢請專業的文案師來修正 |
|   |         | 做 A ／ B 測試,給網友投票 |
| E | 因為課程講師惹人厭 | 說一個真實的動人故事,提升好感度 |
|   |         | 多免費分享乾貨 |
|   |         | 設法避開或遠離討厭你的人 |
| F | 因為課程內容太少 | 問大家想增加哪方面內容 |
|   |         | 承諾大家每月新增內容,而且不必再付費 |
| G | 因為這堂課被別人黑 | 展示更多真實使用者的客戶見證 |
|   |         | 針對他們的不實指控提出告訴 |

每一個潛在的問題,我們都可以針對性的去提出很多種解法。鼓勵你的團隊成員多發言,然後記錄下來,讓大家都明白這些問題有可能發生,一旦真的發生,我們都**已經想過**要怎麼應對。死前驗屍是很好用的商業策略,你可以用在成立任何新計

畫或新公司之前，包括如果你想從上班族轉換跑道到自由工作者，那你可以這樣做：

① 想像一年後你失敗了，部落格沒流量，推出的課程乏人問津，YouTube 頻道沒人關注 —— 最重要的，銀行帳戶裡已經沒錢了。

② 回推各種失敗原因，問自己一連串的問題，包括：部落格為什麼沒流量？寫的東西無法引人注意嗎？解法是什麼？線上課程沒人買，是因為沒解決到人們的問題嗎？還是文案無法創造市場需求？YouTube 頻道沒人關注，是因為影片品質很差，劇情沒哏，還是話題太平凡？解法又是什麼？

③ 列出潛在的死亡原因後，開始一條一條的分析，嘗試去預防它們發生，或發生後怎麼處理，把傷害降到最低。

認識了死前驗屍的概念後，若再遇到很愛唱衰你的人們，不如就請他們喝杯咖啡或吃頓飯，讓他們盡情唱衰你，把他們所有想到你可能會失敗的原因一股腦的講出來，省得你還要自己想，平衡你的樂觀者偏差。畢竟預防勝過治療，未雨綢繆才能走得更遠 —— 現在想想，有這樣的人存在也不錯嘛？

# 7

## 創業家最困難的挑戰

可能是我們被媒體洗腦洗壞了，為什麼會幻想一夕之間就能創業成功呢？創業像是從懸岩跳下，在落地之前必須打開降落傘；創業像是把你赤裸裸的丟到野外，必須鑽木取火、獵兔求生存。創業從來就不容易，絕非第二天就會開始賺錢，要能熬過一段黑暗期，才是創業家的挑戰。這段黑暗期就像一顆球被壓在水面下，時間越久球越下沉（銀行存款減少中），但每一分的下沉，都應該要增加球往上彈的力道。「彈力會否累積」決定你是否適合創業。很多人夢想創業，但短期內作不出成績，就開始浮回水面，吸一陣子的氧氣，然後又開始作夢，再創業，再下沉，然後又缺氧、又浮上來，就這樣浮浮沉沉的做著春秋大夢──真正的創業家，知道要先沉在很深的水裡，等待射出水面的那一刻。在此之前，都先請累積彈力，學習、沉澱、充飽氣。

我常說創業像是你走進隧道，伸手不見五指，沒有一絲光線，只能摸黑行走，直到看見一個光點為止。這個光點會越來越

大，照清楚你現在身處的位置和環境，然後這條路你就會越走越明朗。這段黑暗期是多久？我覺得做電商平均抓一年，自媒體平均抓兩年。然而，就像隧道不可能沒有出口，只要你有在前進，總有一天會看到光。過程中你僅能靠著專業和信念，堅持的走下去。

我在二〇一二年、創業初期的臉書上曾寫下創業的感受：「關關難過關關過，夜夜失眠夜夜眠。」那時我還在水面底下、隧道之中，但我非常清楚這只是創業的過程，沒什麼大不了的。最近有訂閱戶說他「日更疲乏」，我也貼給他看這句話。對於創作者來說，假如你認為日更很重要，那麼疲乏就是第一關，「硬撐過去」就好了。你覺得困難嗎？你很佩服其他日更的人嗎？說真的，**回頭看的話**，我認為一點都不難。不必佩服我（或任何在日更的人），我反而比較佩服的是另一種「日更」，他們每天要固定時間起床，出門擠捷運，風雨無阻去固定的一個地方打卡，戴上不同人際關係的面具，努力去完成別人的事情，還不時遭受同事或老闆的氣。如果他們都可以關關難過關關難，天天上班天天上，為何創作者／創業家不行？

創業路上，我們會遇到很多關卡，假如每個關卡都有共同答案的話，那就是**堅持**。這樣說或許有點芭樂，但事實就是如此，我認為「真正的創業家」沒有失敗，頂多只是尚未成功。懂得

堅持，屢敗屢戰，只要人還健康活著，總有一天會見到光。

各行各業都有挑戰。上班族或創業家的生活方式雖然不同，但都有層層關卡要面對。如果這世上不管你做什麼事都需要堅持，是否應該堅持在對的事情上？我也當過十幾年的上班族，也曾爬到很高的位置，我現在回頭去比較兩種生活方式的堅持，結論是：上班族的堅持是練習堅持，為的是以後創業的堅持。兩者的不同是，上班族是為了**維生**而堅持，創業家是為了**活出自己想要的生活**而堅持。我常常說，你家巷口的麵攤老闆，和他對面推餐車賣紅豆餅的阿姨，都是創業家，創業家並沒有什麼了不起，知識水平也不一定如你，但他們選擇為自己的事業而堅持。

創作會疲乏，上班會疲乏，賣麵和賣紅豆餅也會疲乏，怎麼辦？所以要有新鮮的事物。創業家遇到新事物的機率比較大，像我做一人公司，常常可以找不同的對象來合作案子，若要實現全部的點子，時間根本不夠用。身體會累，但心不會，睡飽後繼續衝，堅持在我有熱情的事情上。你可能聽過，愛的相反不是恨，而是冷漠；快樂的相反不是憂傷，而是無聊。工作是日復一日的事情，如何避免無聊，得要自己去創造有趣的事物，永保工作的新鮮感。創業家的彈性較大，但上班族可以嗎？非常困難。你可以叫老闆指派給你不同的工作嗎？你想做

什麼就做什麼嗎？

然而，創業最難的就是在頭兩年。你不知道會不會成功？你不知道是否應該堅持下去？

你相信外星人嗎？

你相信特異功能嗎？

你相信自己會創業成功嗎？

很多時候我們不相信「看不見的東西」，但看不見並不表示它不存在。我**現在**看不到這些事情，不表示**未來**不會發生。如果連外星人你都願意相信，為何不願意相信自己？如果別人都可以創業成功，為什麼你不能？

最後再強調一次，創業最困難的挑戰就是堅持，但，那其實一點也不難，因為無論你做什麼都需要堅持，所以你應該去堅持一件最值得堅持的事。你有沒有聽過一個笑話，成功的三要素是：

- 堅持

- 不要臉
- 堅持不要臉

任何事情只要加上堅持，就會比別人厲害。創業是，創作是，創富也是。

# 8
## 關於教練／顧問之我見

當我們要學習創業的技能，除了自己看書、實作外，還有四種對象可以學習，分別是：

- 教練（coach）：聚焦於某個問題收費，是最接近「顧問」的角色。你容易認識且接觸。
- 人生導師（mentor）：不收費，但會給你一個大方向。對方可能是企業名人或你的偶像。你不一定認識或容易接觸。
- 老師（teacher）：需付費，讓你從外行變內行。你容易認識且會接觸。
- 同儕（peer）：不必付費，互相學習。你容易認識並經常接觸。

每種對象的功能和用法不大一樣，當我們懂得區分其中的差異，就可以讓學習變得更有效。基本上，我們從找「老師」開始，大量學習某領域的知識，他們能解決一部分的問題，但到了課程的後期，我們需要更有實戰經驗的人幫忙指點迷津，也

就是在一旁擔任「教練」的角色，可以監督、鼓勵我們繼續精進的人。「人生導師」可能比你年長，可遇不可求，有資格當人生導師的人，通常已達某種境界，所以多半願意免費分享，以傳承知識和觀念給後輩為主。「同儕」則是和你程度差不多、擁有競合關係的同溫層，是我認為最有效刺激你持續進步的動力，也是最務實的學習。

當你的專業程度來到六十分以上，老師所教的已全部學會，接下來要進步就得靠實作，邊做邊學，隨機應變，此階段最好的學習對象是教練，所以我們常看到健身教練、商業教練、寫作教練之類的角色，因為他們有能力點破你的盲點，針對既有的問題給出答案。老師和教練最大的差別在於前者是「知識傳遞」，後者是「成果導向」。

我們以商業教練為例。客戶要什麼結果，商業教練就針對如何達成解析成可執行的動作。很多創作者很有才華，對創作文字、圖像、設計、音樂很厲害，但沒有商業思維，因此這些人需要一個商業教練，教你如何把才華變現，包括幫忙擬定一個商業藍圖，提供一些商業策略，給予一些變現的作法，達成最終的結果。教練會先了解你的背景和問題，然後對症下藥，量身訂作。你身為客戶，不需要非常懂商業運作，只要跟著教練這樣做那樣做，就能慢慢實現目標。所謂「顧問」

（consultant），本質上和教練最接近，一樣是以解決客戶問題為目的，所以在本篇文章裡顧問和教練同義。

## 你如何找到好教練（顧問）

以健身教練來說，有很多證照可以去考，但有證照只代表你及格，不代表你優秀。如果是商業教練、文案教練這種無統一規格或認證標準的領域，經驗和客戶口碑就很重要。但經驗可以唬爛，口碑可以用買的，唯一的指標我認為是你的客戶是否成功，客戶的成功率無法造假。一位教練（或顧問）的客戶（企業或個人）有順利解決問題，持續在收入上（或體能上，或文筆上）成長，那這位教練就是好教練。因此，要知道一個人是不是好教練，很簡單，問他服務過哪些客戶，然後直接問那些客戶，這位教練表現如何？有沒有解決當時的問題？這一點絕對騙不了人，實績就是實績。

## 如果你想當個好教練（顧問）

你可以先免費當顧問，看自己喜不喜歡這份工作。適不適合，總要自己做過才知道。像我最高紀錄曾同時兼任四家企業的顧

問，但一年後我就知道我不喜歡這份工作，因此全部不再續約。如果你做過很多免費或付費的顧問，教育別人，至少在對方認可的情況下看見成果，就證明你是可以解決問題的。顧問是雙向關係，要彼此了解和信任。有時客戶的問題很小，只要有人點出方向，一天就能搞定。客戶以為請顧問需要長時間依賴，其實只要知道下一步怎麼做，客戶不需要花太多錢，不必每週見面，見了面往往只是報告進度而已。

- 一種合作模式是一天或半天的策略討論，類似「年度計畫」會議，你一次幫忙把客戶的年度計畫列出來。以單次計價。
- 一種是三～六個月的輔導，為客戶達成一個目標，每週或每兩週開會一次。每個月收取顧問費。
- 一種是長期顧問，幫助客戶直到客戶不再需要你。這種很難定價，我會建議直接要求股份，或每年依利潤分紅。

定價方面，初期先找五個客戶，每小時收 3,000 元上下，報價比你的實力低也沒有關係，然後第六～十個客戶開始每小時收 5,000，然後 8,000、10,000……慢慢調高。因為你的時間有限，所以接的客戶也有限，你只能調漲收費，時數也可以跟著增加，例如每次六十分鐘增至九十分鐘。當你有一天收費漲到三萬，就等於 "Work Less, Make More."。一旦你擁有更充裕

的時間，就能把客戶照顧得更好。

做為顧問的時間成本，當然不是只有你和客戶開會的那一小時，前面的準備時間，後面的筆記整理時間、追蹤等，花的時間往往是好幾倍，這些時間成本都要算進去。根據我的經驗，每天花三小時當顧問就很累了，理想上是每週花七～十小時之間。當顧問的好處是買單由公司付帳，只要你的收費比提供的價值低，就不愁沒有客戶，最後是你選擇要不要幹這一行，而不是沒有客戶來源，因為每家企業都有解決不完的問題。


## 如何尋找客戶

國外有一些線上顧問平台，如 https://www.coach.me/ 或 https://clarity.fm/。然而，目前台灣的顧問業不夠成熟，所以「媒合平台」發展不起來，未來幾年可能也不樂觀，所以還是必須自己建立個人品牌，增強能見度，等待機會的降臨。

以下提供幾個方法：

- 請老客戶推薦新客戶，你主動去詢問。
- 利用 Podcast 採訪別人，置入你自己的顧問服務。

- 建立 Email 名單。
- 在你所有的社群媒體上分享案例分析或客戶的進度等,每月或雙週一次。
- 四處演講,下面坐的可能就是你的潛在客戶。
- 製作銷售簡報(Sales Kit)。有些客戶覺得你的內容好,但通常不會主動開口詢問,你的機會主要還是得靠推銷,所以如果想當顧問,還是有些業務工作要做,至少在你的網站、名片上要清楚說明你的身分,你能提供的服務包括哪些,這些內容是用來說服客戶,成為戰勝駱駝的最後一根稻草。

# 9

## 如何不嚇走顧客

我常常收到很多 FB 好友的邀請，通常看一下他的個人檔案是否為「正常人」，如果現實生活又有我認識的共同好友的話，我就會先加。然而，往往加了這些人以後，他們會邀請你加入他們的粉絲團，有的還會私訊給你，要你去做什麼做什麼。遇到這種情況，我二話不說就直接取消好友，因為你把我嚇跑了。

我感到失望和困惑，為什麼一個我不太熟的人，我給予你初步的信任加了好友，你卻不珍惜這份信任，叫我去達成你的願望。這種亂槍打鳥的陌生開發不但沒用，還會造成帳號的「黑化」，被取消好友、被退訂、被檢舉，然後**社群信譽**（social reputation）就毀了。

在網路世界闖蕩，社群信譽是很重要的個人資產，分數高的話可以直接變現，分數低的只能不斷開新帳號砍掉重練。從 FB 延伸出去，所有媒體平台都是一樣的，包括部落格、YouTube

頻道、Podcast 等。要怎麼做才不會嚇跑觀眾，讓他願意看你的廣告，然後跟你買東西？

關於信任和行銷之間的關係，我寫了大量的文章和書籍。簡單來說，**品牌等於信任**，唯有網友相信消息來源，他們才有可能去觀看、去分享、去行動、去購買、去完成你想要他們做的事。

建立信任的方式有很多。第一種最常見就是「專家權威性」，因為專家說的話大家比較會聽。第二種叫「情感共鳴」，適合那些專業不足，但大量分享軟性和感性話題的人。第三種叫「線下認識」，你們真正見過面、聊過天。如果有第四種，我認為是 SEO，也就是「搜索引擎結果的優化」，但我不認為你搜得到人，就表示你信任他；如果你有品牌，對方會在你的官網、粉絲團、YT、電子報等管道得知最新訊息，而不會直接去 Google。

我們做個人品牌，必須根植出絕對的信任，意思是，粉絲信任你的一切，知道我不會讓他們失望。我們也要對自己下這道命令：「我永遠不會讓粉絲們失望。」

有一個關鍵問題是：在什麼時間點才要開始「銷售」？如果你

一開始免費提供內容，慢慢建立起專家的權威性以及讀者的信賴，但會不會一宣布收費，大家就開始唾棄你，離去的同時還不忘酸個幾句：「露出狐狸尾巴了吧」「格主已失去初衷」「他喔，不意外」。

這樣的情境十幾年前就上演過，當時部落客賺錢還算是一種罪過，包括我出版《部落客也能賺大錢》也被酸過「最賺錢的是作者本人啦」。我記得很清楚，旅遊部落客艾瑪某次跟「阿一鮑魚」合作一檔團購，這是很早期的部落客團購案，也是艾瑪的第一次，結果她被網友攻擊得很慘，說她寫旅遊部落格的怎麼可以有銷售行為，為了錢失去初衷等等 —— 現在回頭看這些回應覺得不可思議，但這是當時「主流」的網友反應。

艾瑪本人如何回應呢？她說：「不喜歡我的請趁機離開，不要再看我的部落格。喜歡我的請參考團購方案，真的很優惠喔！」她直接一刀切。結果如何呢？第一，團購非常成功，格主和廠商雙贏；第二，那些酸民也沒離開，繼續看，不否認其中一些人依然躲在暗處，等待機會來酸艾瑪；第三，艾瑪開啟了部落客收入的一大可能，從此之後廠商很愛找部落客合作，算是為部落客行銷開了一扇大門。

像是「新疆棉」事件，很多人會從喜歡某些藝人，瞬間轉為討

厭某些藝人，也開始抵制穿某些品牌的衣服，改為支持與他們立場和價值觀一致的那些品牌。這提醒我們幾件事：第一，建立信任很慢，但摧毀它很快，只要你做出選邊站的決定，另外一邊的人就會討厭你。第二，我們除了會買「信任」，其實還有「立場一致」，換句話說，建立信任很慢，但表達立場很快，如果你願意犧牲一半的觀眾，那就多表達立場，最起碼你還有一撮小眾聚集；如果表達立場最多只留下一半，試試看「價值觀」，它或許可以大過一半。第三，除了「信任」「立場」「價值觀」，還有最後一個，就是「愛」，當你愛上一個人，以上都不重要，他要你做什麼，你就做什麼。

粉絲的信任其實是很脆弱的，所以解決方案是什麼？我認為是**銷售即服務**。你不是在賣東西，你是在服務粉絲。如果你認我是一個值得信賴的專家，我只是偶爾的**提醒你**，透過我的書籍、課程和訂閱服務，你可以獲得我最棒的產品。我是在服務一群「精選客戶」，只有在粉絲需要我的時候，我才在他們的期望下銷售。

結論是什麼？所有的個人品牌、網紅、創作者，該如何賣東西而不嚇跑觀眾呢？我的答案是：

- 專家權威

- 情感共鳴
- 多和粉絲見面
- 表明立場
- 分享價值觀
- 開宗明義表明收費或商務合作意願
- 銷售即服務

當然還有很多方式，留待各位去發現。

# 10

## 如何讓客戶自動上門

如果能優雅的做生意，誰想要粗暴？如果可以讓客戶自動上門，不用追著他們跑，或油條的去做銷售，那該有多好？但如何做到呢？

我的前合作夥伴叫 Michael，他是一位寫程式高手，是那種可以把你想得到的任何瘋狂點子都用程式寫出來的高手。我跟他合作的一年半間，我只要看到國外的新鮮網站或功能，丟給他看，他都可以寫出來。我看著他工作，也著實有做出一些我們創業的點子，所以我很相信他，但唯一的問題就是：他太忙了！他太厲害，案子接不完，常常沒時間寫，隨時隨地都在跟客戶講電話，連我們兩家人一同去墾丁渡假，他也一直在講電話，客戶太緊迫盯人，不論大小問題都打電話問他準沒錯。

我難得看到一個比我還工作狂的人，他只比我小一歲，有如此旺盛的精力和體力。先不論他的工作量是否過多，生活面是否像我一樣重視平衡，我記得他講過一個概念，那就是他不太發

名片，因為他根本不需要開發業務，每一張他發出去的名片幾乎都會帶來生意，「轉換率」至少九成。為什麼呢？因為你若能見到 Michael，表示你是熟客介紹的，而且還是台灣業界的高層，當你交換名片的那一刻，基本上就表示網站確定會給他做了。

我曾經和 Michael 去談一個超知名客戶的案子，他們想要重做網站，所以我們去內湖開會。縱使那次因為價錢緣故沒有談成，但數年後 Michael 告訴我，當年那家公司的主管去了另一家更知名的公司，還是找他來做。也就是說，縱使第一次的交易未果，不表示你永遠得不到這個客戶，如果你的實力得到認同，也許某天某處還是有可能合作。

在台灣任何接專案的自由工作者，我還沒聽過有誰能像 Michael 這樣，因為客戶口耳相傳，根本不需要自己去找客源，其他人是頭痛沒有新客戶，他則是可以任性的拒絕多數客戶，只留下「好客戶」，好客戶的條件自然包括「會幫你介紹其他好客戶」。我和 Michael 現在仍舊保持很好的關係，他除了幫別人做網站，自己也有殺手級的產品，我們也常合作。

我每天在 FB 上看到很多線上課程的廣告，這些廣告對我而言完全沒興趣，除了我能學的有限外，最主要的原因是我根本沒

聽過你，憑什麼看一個廣告就會馬上相信你，馬上跟你買？如果想買實體商品，我都會先去上網做功課了，很吃個人品牌的線上課程更不可能用廣告就增加我的信任度。這不是錢的問題，是信任問題。就算你的文案或教學內容很吸引我，我也會先上網 Google 你的歷史，看一看網站，追蹤 FB，或私訊共同好友打聽你。我覺得，任何下大量廣告的講師都搞錯一個重點，那就是廣告是無法快速建立信任的，我甚至會把這些廣告當做反指標，下越多廣告，是越沒有真材實料的人，也就是越沒有粉絲基礎的人。當然，這只是我個人的評估指標之一，也因此我從不幫自己的課程和服務下廣告。

誰不希望生意好，課程爆滿？但我的經驗告訴我，如果你的課程需要靠廣告來觸及新顧客，那些完全不認識你、只看了文案就被吸引過來的人，他們會對你的課程有錯誤且奇怪的期待。舉例來說，以前我的課程名稱是「部落客也能賺大錢」，我鎖定的 TA 是部落客，教導內容是如何寫文章增加流量，然後再利用流量賺錢，但我發現有一些人看錯重點了，他們只關心「賺大錢」的部分，來了很多個性投機的人，不想付出太多勞力就想直達終點，更別說要他們老老實實的去創作，花一、兩年的時間好好經營自己的個人品牌。他們只想抄捷徑。

「下廣告」就是抄捷徑，縮短距離沒什麼不對，錯的是心態。

如果你仔細看一些廣告文案，他們都用同樣的公式去訴求：可以快速成功，賺大錢，生活自由 —— 誰會被這些文案吸引呢？當然就是有類似心態的人，也就是想抄捷徑的人。我最近撰寫文案都很小心用字，深怕讓大家誤會這是一堂「快速致富」「在家工作賺百萬」的課程。沒錯，我們的目的地是那裡，但不同的是用什麼方法和心態抵達。特別是心態，心術不正，想賺快錢的人，往往是最快被淘汰的。

你或許會問：

- 不買廣告要如何吸引客戶上門呢？
- 內容很好但沒有人知道怎麼辦？
- 客人反應很好，但不會主動幫我宣傳，如何傳出口碑？

綜合以上三個問題，就是「如何找到新客戶」。我的答案是：**做好每一個作品，把握每一次演出，滿足好每一個客戶。**在這段過程中，你會學習「自我升值」的能力，持續優化產品，再把一部分產品對外展示。如果你的產品確實有價值，加上你能忠實表達（不要太誇張），配上幾個使用者見證（需徵求他們同意），做一個好的 Landing Page，在自己的社群媒體上貼文，就會有不錯的業務效果。你其實不必付費買廣告，如果你的產品不夠好，「自我升值」的學習能力不足，也無法持續吸金的。

我想強調的是，把**自己的份內事**做好，客戶就會主動上門。一個健康的業務流程應該是「認識你 → 對你有興趣 → 取得信任 → 成交」，也許有些人比較急功近利，愛抄捷徑，或是有些人非常有錢，東西買錯也沒關係，但我們不該把這些人當做常態，因為大多數人在買商品之前還是會「做功課」。我們持續優化，他們就會發現我們。給他們一點時間來認識你，當他們有真正需求時，就會主動上門。

「強摘的果實不會甜」，我覺得硬逼來的客戶不會是好客戶，後續反而徒增更多麻煩，就好比你若低價促銷，來的都是貪小便宜的人，其中奧客比例就會比較多。我們做網站的都知道，流量的來源有很多，品質最好的是那些主動來詢問的人，而不是被廣告亂槍打中的人。

吃相優雅的背後，是你真正有實力，自然形成一個氣場，讓對的人靠近。

# 11

## 最容易讓你賺到錢
## 的 Top7 目標受眾

我們常聽人說，要先找到目標族群，也就是先設定產品要賣給哪些人，而且是你的事業一開始起步就要先想好的。按照我的經驗，有哪些 TA 比較好賺到錢呢？我列舉了七個，依照賺錢速度倒數排序。不過，在此先聲明，任何 TA 都是可以賺到錢的，下面的列表只是我認為**比較容易**賺到錢的 TA，如果你創業的目的就是為了賺錢（賺到錢以後再去想些有的沒有的），那就值得你參考。

## 七、女人

人們常說「女人和小孩的錢最好賺」，沒錯，我排在第七和第六。女人多數是愛美的，所以任何與「美」相關的產品和服務都有市場。年輕女性會固定提撥美容預算，上了年紀的女性更是如此。其中最敢花錢的，當屬「在家無所事事的貴婦」，因

為她們的老公就是提款機，物以類聚，貴婦們會自成一圈，如果產品能打動她們的芳心，就能輕易的「團」起來。女人是家中主要的花錢出口，是非常安全、妥當的 TA。

## 六、小孩

望子成龍，望女成鳳。父母很捨得投資在孩子的教育上，才藝班、補習班、夏令營、潛力開發等，還有無數的玩具、童書、服飾，連 3C 商品都有兒童專用。大人世界有什麼，就一定會有小孩版的。如果你選擇的 TA 是小孩，要瞄準的廣告對象就是家長，把重點放在教育上，讓小孩們變得更聰明、更快樂、更有競爭力。

如果你沒有小孩，毛小孩也可以，寵物飼主這個 TA 也很好。小孩和寵物之間最大的差別是，很多家長寧願自己省吃儉用，把錢花在孩子身上（這也是為什麼小孩比女人高一個名次），但寵物飼主不一定會這麼做，他們花在寵物身上的錢大部分是多餘的可支配預算。

## 五、車主

一般人不會買車、養車，因為那是很耗時、耗錢的事，所以車主是一群相對有錢的人。越昂貴的車，車主越有錢。如果你的產品或服務是針對這群人，只要方法對、產品好，應該都會有不錯的成績。我有個朋友在賣汽車零件，貨從國外進口，適合多數車款，他說行銷方面非常簡單，只要混入 FB 各大車廠的車主俱樂部，每天花點時間去回答裡面的問題，然後帶流量回到自己的 FB，這些車主就會打電話給他，自然的，他的公司和車廠也非常賺，每天有接不完的單，在我的朋友圈之中是有錢的前幾名。他的產品取代性滿高的，但成功的關鍵就是找到對的 TA。

## 四、減肥

減肥是許多人一輩子的志業，等於廠商的可持續事業。美食太多，運動太少，減肥業者成了最大得利者。書籍、飲食、健身房、藥物……太多相關產品可以做。如果你把自己先吃胖（這真是一段美好的創業過程），然後再減重下來，保證可以吸收到一群粉絲，每天巴著你問如何瘦下來，你就成為瘦身專家。只要 Before & After 的效果顯著，不需任何專業，還有其他更

容易成為專家的方法嗎？（前提是如果你減得回來）

## 三、企業

什麼時候我們花錢不眨眼呢？就是花別人錢的時候。當你的
TA 是企業，不是某一個人，而是一個法人，錢潮的阻礙就會
被降低，而著重於你**商品的價值**。企業老闆願意花錢來投資員
工，所以用公司的預算聘請講師幫員工上課，這些員工被訓練
之後，若能提高 1% 的生產率，就值得了。當你的產品或服務
（或內容）是給企業看的，他們花錢可以報公帳，那筆支出就
變成一種投資，是公司營運的長期成本，並不是個人的支出，
所以 TA 很容易掏錢。越大的企業，越高的職等，就是越好的
TA 人選，因為他們可支配的公司預算也越多。

## 二、健康

隨著健康意識抬頭，預算也抬頭。因應老人社會的趨勢，越老
必須付出越高的健康成本，所以無論食衣住行育樂，全部也都
要有老人版。老人該怎麼吃得健康、穿得舒服、住得安心、行
得安全，以及教育和娛樂支出等。如果你的事業是針對老人來

服務，表示你是站在風口上。老人除了自己有錢可以花，會照顧自己的身體，他們的孩子也會以孝之名來花錢，這個 TA 可說是具有雙重保障。只要產品好，確實能促進身心靈健康，再貴都有人買，因為健康無價。


## 一、賺錢

你知道第一名的 TA 是誰嗎？就是想賺錢的人。「教別人賺錢」的產品永遠是最穩當的生意，大家希望買東西卻能讓自己更有錢，所以用這脈絡去設計產品，成功機率非常大。上述的 TA 可能身上都要有點閒錢，才有可能買東西，但想賺錢的人未必。縱使他們沒有錢，也會想盡辦法買一個「未來」。這也是為什麼投資理財是一個非常好的創業項目，因為這些 TA 不把錢當作消費，而是投資，他們願意花錢買股市明牌、買賺錢方法、買理財觀念，就跟把錢放在銀行賺利息一樣。大家都知道「用錢賺錢」最快，但不知道怎麼做，所以如果你知道，推出產品，那全世界都是你的 TA。還有哪個 TA 會比這個市場更大呢？

# 正當的網路賺錢方式

網路是時代的「風口」，
在線上建立個人品牌，發行數位產品，
讓你在通往財富的道路上起飛。

# 1

## 網紅、部落客、KOL……
## 我該選擇哪一個

我曾經發了一則 FB 貼文：您認為網紅 > 部落客？還是部落客 > 網紅？

中文的「部落客」和「網紅」都被歸類成一個更大的英文單字「influencer」（影響者）。我看到很多部落客轉行當網紅，賺網紅的錢和收入模式，其實覺得很可惜，因為影響力的重點在於**深**和**遠**，改變其他人，而不是求短和快、幫人賣東西。後者只是實現前者的一部分而已。

我的這篇貼文獲得廣大迴響，其中包含多名知名部落客，某些留言又延伸出來，提到很多名詞，包括自由媒體、外稿編輯、編輯、作者、YouTuber、意見領袖、實況主、網紅、團購主，若再加上 Podcaster、KOL、斜槓、自媒體、freelancer、數位游牧工作者等，光是名詞定義就令人頭昏腦脹！我自己是**概分**為，「個人品牌」用不同的方式和平台呈現，具備影響力的個

人品牌就叫 influencer，不管是否有商業化。

每個名詞會有細微的差異。對外，各有各的刻板印象；對內，則是你自己心中的定位不同。你想當「部落客」，或你想當「網紅」，還是有點不一樣的。我舉幾個常見名詞如下：

- 部落客：圖文耕耘者。不一定要露臉，累積文章，增強 SEO，增強流量。為了維繫流量，更新速度較頻繁。
- 網紅：網美／網帥怎麼可以不露臉！「網路紅人」比較接近網路、螢幕裡的「藝人」，愛表現、愛拍照，製造出自己最美好的一面，無所不用其極的去創造知名度
- KOL：Key Opinion Leader，意即「關鍵意見領袖」，通常是某方面的專業人士，在他的領域中有一定的權威性，所以講出來的**意見**很重要。這些人不一定有自己的網站，也可能在別人的平台上發言，量也不一定很多，但深度很夠，比較屬於「一篇入魂」的狙擊槍。
- 斜槓者：兼職者。
- 自媒體：範疇比較大，比較像是「個人品牌」+「自有通路」的組合。「媒體」二字讓人有必須發揮正面影響力的壓力，但有些人其實只想賺錢，不想做媒體。
- YouTuber：工作內容類似於部落客，只是平台是 YouTube。問題來了：FB 也可以放影片分潤，讓粉絲付費訂閱，如果

我把影片都放在 FB，我能自稱 YouTuber 嗎？也不可能叫 Facebooker？所以應該要統稱為「影音創作者」吧？

- 直播主：依附在直播平台上，用才藝和美色創造「陪伴式經濟」，門檻最高，自我揭露程度最高，靠觀眾「打賞」維生，像是線上的街頭藝人。

- Podcaster：工作內容類似於部落客，只是改用聲音呈現。好多平台都可以 host Podcast，不管你放什麼平台，都可以統稱 Podcaster。

- Freelancer（自由工作者）：接案者。Freelancer 可能還有全職工作，只是可以自由接案。他們基本上不要名，只要利，只要能維生就好。

- 數位游牧民：可以出現在任何行業，沒有固定工作及居住地點，只要能連上網工作就好。但多數數位游牧民是單身、年輕人，很少聽說有小孩後還可以全球自由移動的。我很嚮往這種生活，但可能要等小孩大了以後再說吧？但願我那時還有這興致和體力。

我再幫部分名詞分類一下（有些名詞只是工作平台、操作方式不同，在此不細談）：

| 類別 | 舉例 | 特色 |
|------|------|------|
| 創作者 | 部落客、YouTuber、Podcaster、KOL | 多是以內容質量取勝，外型好可加分。要編輯文章或影片後方可上線 |
| 網紅 | 網美、網帥、直播主 | 多以外貌取勝，才藝表現、臨場反應、觀眾緣也很重要 |

有人說：「想賺快錢的做網紅，想深耕的做部落客。」你如果認為有人長得帥、長得美，在網路上比較吃香，搔首弄姿一下就可以當網紅，賺快錢，比文字創作者可以賺到更多錢，也不需要花時間去創作──那你就錯了。帥哥美女也要有料才有機會，很多外型優秀的人當不了網紅或直播主，各大模特兒經紀公司旗下幾百位模特兒，都很羨慕網紅的影響力和收入，但是他們想盡辦法操作也操作不起來。如果你的口條不好，講話沒料，不太愛跟粉絲互動，不懂得經營形象，長得再好看也沒用。端看你是否認真在做，業餘和專業的心態不同，也造就不同的結果，不論做什麼，只要夠認真，都有出人頭地的機會。

到後來你會發現，在觀眾眼中，你沒有料才是「會不會紅」及「紅多久」的關鍵。怎麼讓觀眾覺得你有料呢？又回到你創作出「哪些」和「多少」作品的問題，結果到頭來，你為了更紅，還是必須當個創作者。事實是：**外型只是入場券，才華才會讓你被看見。**

不管你的起點是哪裡，無論如何，你都需要創作，**持續的創作**才會產生影響力。影響力很好用，除了可以幫你賺錢，還可以強化對某些社會議題的關注與行動，例如呼籲粉絲回鄉投票等等。理想上，創作時間越長，觸及人數越多，影響力就越大。你也可以僅僅影響你身邊的人，或影響你想影響的人便足矣。

結論就是，個人品牌相關的名詞雖然很多，未來也有可能繼續增加，但我們不要迷失在「名詞海」之中。我們心裡要有一個很明確的定位，那就是當個創作者，一個**有影響力的創作者**。

# 2

## 從「PICK」框架看
## 數位產品如何輕鬆賺錢

每天事情都做不完，像無頭蒼蠅一樣忙東忙西，但一整天下來卻發現也沒做什麼大事 —— 如果你有同樣的問題，我來介紹一個框架，幫助大家決定做事的順序。這個框架叫「PICK」，是美國公司洛克希德・馬丁所研發的精簡版「六標準差」，用來提升員工生產力。PICK 是以下四個字的縮寫：

- Possible（P）：這裡的事可以做，且不需太費力就可以完成，但相對的報酬並不高，你有時間再做。
- Implement（I）：該象限的事要最優先做，因為它不太費力，而且會帶來高報酬。
- Challenge（C）：這裡的事困難度很高，但一旦完成，也會帶來高報酬。實務上，最好是一次只挑其中一件來做，所以要小心慎選。
- Kill（K）：該象限做起來很困難，報酬十分低，能不做就不做，把時間留給其他象限。

|  | 報酬 | |
|---|---|---|
|  | 低 | 高 |
| 努力 易 | 3<br>**Possible**<br>可以做 | 1<br>**Implement**<br>優先做 |
| 努力 難 | ×<br>**Kill**<br>不要做 | 2<br>**Challenge**<br>值得做 |

首先，我們把每天可做的工作分類到四個象限，然後按照一～三的順序做。這個 PICK 框架很務實：做什麼工作又簡單又有錢賺，就先去做那個，甚至只做那個。C 比較難，花的時間也許比較多，但因為高報酬，加上自我挑戰的成就感，所以還是要做。

「容易做、又有高報酬」，天底下有這麼好的事嗎？有的，以我自己的經驗，答案就是「C 轉 I」。

低報酬的事我們先排除，畢竟工作就是要多賺錢，而不是追求低報酬。如果我們想要**所得最大化**，那就把時間全集中在 I，

所以我們的終極目標就是 I。但我們要從 C 過去，事情必須從困難變得簡單。簡單是一種主觀的感覺，拿畫畫來說，有些人覺得簡單，對我來說很難；寫作對我來說簡單，對有些人來說就很難。如何從困難到簡單呢？當然就是靠大量練習，熟能生巧，再難的事你重複一直做，都會越來越簡單。

我們常會逃避去做困難的事，我覺得解法是要一點一滴增加。假如你覺得寫作很難，就每天多寫五十字，有紀律的寫。什麼是紀律？知名美式足球教練尼克·薩班（Nick Saban）說：「紀律就是做你該做的事，就算你不想做；不要做你不該做的，就算你很想做。」說起來這很違反人類好逸惡勞的習性，很痛苦，但好消息是這種痛苦會慢慢好轉，你做這件事會變得越來越容易。當這件事做起來越來越容易，你就從「C 轉 I」了。

我很喜歡做無腦的工作，我希望就算是無腦工作也可以賺錢。例如我很喜歡對發票，既是不需動腦的行為，又有機會賺錢。很多人說，怎麼對獎也只有兩百元，但我認為重點是讓腦袋放空 —— 你看看我，連腦袋放空時都在想著要賺錢。

重點來囉。在職場上，有沒有什麼「無腦工作」是可以賺錢的？別跟我說做 Uber 或 Foodpanda 喔，那種工作報酬太低。我的答案是 Copy ＋ Paste（複製＋貼上）。有兩種 Copy ＋

Paste，第一種遊走在法律邊緣，我不建議大家去做，那就是去複製別人的內容，貼上你自己的網站，也就是所謂的內容農場。這樣的作法其實很賺錢，但不算合法行為，除非你能動一點點腦，稍微做點變化。

既然拷貝別人的東西不合法，我 copy ＋ paste 自己的東西總可以吧！例如我最近從《完全訂閱制》電子報的五百多篇文章中，挑出五十篇關於寫作的文章，然後一一的 copy ＋ paste 到我的 Email 編輯器裡。過程中，我可以聽音樂、看 Netflix、看球賽，我不用花精神去工作，因為只是複製貼上文字而已，比對發票還簡單。

各位聰明的觀眾，知道如何一直在「第一象限」裡工作了嗎？

如何做輕鬆的事賺錢？以下是我的兩個結論：

- 大量練習那些高報酬且你覺得簡單的事情。
- 重複利用這些成品，以不同形式賣給不同人。

以上就是「輕鬆賺錢」的心法。不過在此之前，你還是得經過第二象限，不輕鬆的磨練過一段時間。

# 3
## 打造屬於你的
## 數位產品

以下洋洋灑灑的清單，應該可以讓大家對數位產品有更進一步的認知。

## 一、數位產品的好處

1　一個大趨勢：做生意要把握趨勢，站在浪頭上。只要疫情嚴峻，線上事業就會繼續高速成長。

2　低成本、低風險：資訊商品不需要太多前製成本，一支手機就能對著你錄影，OBS 軟體也是免費的，你可以無痛馬上開始。如果失敗了也沒有關係，不會對人生造成太大傷害或影響，可以說是風險最小的創業，但報酬卻是不成比例的大。沒有什麼合法創業比這個更好了。

3 快速開始：有什麼創業比它更快？快到你打開手機錄影，或在 FB 上成立社團，做一個頁面放上匯款帳號，馬上開始收錢。

4 自然搜尋排行高：放上網路的內容越多，由搜尋而來的能見度越高，SEO 水漲船高，很自然的帶來有需要的客戶。

5 利潤高：放眼望去，沒有什麼比資訊產品利潤還高了。利潤越高表示你的行銷預算越高，可產生飛輪效應。

6 方便傳遞：不用裝箱、包裝或寄送，付款完成直接下載，以數位檔案或頁面權限傳遞有價商品。馬上買，馬上用，買賣過程快速方便。

7 不用庫存空間：這就是商品數位化的好處。

8 規模化、自動化：做一次工，賺一輩子錢。另外，藉由程式設定，全部交易過程都可自動化，你人在哪裡都沒有差。

## 二、有哪些數位產品可做

- 電子書
- 檢查清單（Check list）、檢查表
- 模板／範本
- 創意資產，例如：設計、程式碼、圖庫、音樂
- 線上課程／工作坊／影音檔
- 訂閱制／會員制
- 可列印檔案（printables）
- 軟體
- 顧問服務

## 三、打造數位產品的五個步驟

1  驗證點子
  ① 能幫助誰／你能給什麼／你的技能組有哪些／為什麼你有資格
  ② 選擇市場（需求大或小＋競爭高或低）。由以下開始做功課：
    - 線上課程平台的課程列表（Hahow, PressPlay）
    - 書店的暢銷書
    - FB、IG、抖音等各種社群媒體

- Answer the Public
- Google Trends

③ 做什麼可以馬上見效、看到成果或賺到錢（快速驗證）？

2 開始聚眾
① 建立自己的 Email 名單（無運算法）
② 建構自己的社群追蹤者（FB、IG、Line／Telegram）
③ 建立自己的 YouTube 頻道
④ 建立 Landing Page 當作漏斗入口
⑤ 建立網站或部落格
⑥ 進入其他 KOL 的網路（由上述管道）
⑦ 實體聚會

3 製作數位產品
① 製作工具
- Powerpoint（to PDF）
- Google Docs
- Canva Pro
- InDesign
- Zoom／StreamYard／YouTube
- ConvertKit（訂閱制電子報軟體）
② 金物流

- 綠界／藍新
- PayPal
- 全家店到店（寄送實體贈品）

4　數位產品上線銷售
①　在哪裡分享 Landing Page，就在哪裡公布
②　預購
- 製造期待感（指出問題 → 產生共鳴 → 提供解答，也就是你的產品）
- 先收集名單
- 優惠價／早鳥價
③　上線後客服，收集使用者見證

5　持續優化
①　如何優化（得到回饋，改善）？問自己以下問題：
- 從哪個管道買的人最多？
- 對產品有什麼建議？
- 哪些小地方可以更好？
- 廣告、行銷流程有哪些地方可以更好？
- 客戶其他想法
②　如何讓不買的 TA 購買？問自己以下問題：
- 價錢太貴嗎？

- 行銷時間不夠嗎？
- 其他原因

## 四、案例分析

- 示範各類型成功案例
- 示範我自己的數位產品怎麼做

以上就是我的「數位產品檢查清單」，拋磚引玉，願對大家有幫助。

# 4
## 教別人靠「網路賺錢」，
## 自己更賺錢

網路上有許多不同的主題，包括「美食」「旅遊」「科技」「兩性」「健身」「親子」「創業」等，其中很多人會感興趣的一個主題，那就是「賺錢」。更具體來說是「如何用網路賺錢」，有些人會稱他們為「網賺派」，裡面有網賺老師、網賺學員和網賺機制等組成。

某位老師橫空出世，說他年紀輕輕就月入百萬，環遊世界，在海灘上用筆電工作。你點進他的 FB 廣告，來到一個頁面，超長的文案一路往下捲不完，文案的內容遵照標準的消費者心理學公式，從點出一個痛點開始，講述這位老師有跟你一樣的背景和經驗（製造共鳴），然後他經過大量研究，得到了一個神奇的方法，現在他想傳授給你，讓你跟他一樣開名車、住豪宅、享受被動收入，找回人生掌控權……

在我超過二十年的網路從業生涯裡，我見過太多這樣的老師和

文案。這些老師來來去去，生命週期都沒有太長，這麼多年來並沒有太大變化，都脫離不了同樣的主軸，那就是他們只是想「要」，而非想「給」。反正網路上想賺錢、想財富自由的人那麼多，總會有些外行人搞不清狀況，看到文案就自然的高潮了。

對於稍有常識的網路人來說，你要在網路上教人家如何賺錢，人家根本不認識你，為何要相信你？你給出了什麼有價資訊讓別人相信你？你做出了什麼事蹟，讓別人可以去追溯、查詢、驗證，並且可以詢問？有人真正受你幫助，而且他們不是臨時演員或互相拉抬的狐群狗黨嗎？

「網賺」不是只有聯盟行銷，真正的聯盟行銷是先取得網友信任，就像你推廣的產品自己用過覺得好，然後順便推廣。但網賺派的文案轟炸，外行人被騙了以後，發現自己做不起來，這些心得累積起來就造成「網路賺錢」整體概念的負面形象，大家只要一看到有人在教網路賺錢，就下意識的覺得他是騙子，然後被一些網友開酸：「如果真的賺大錢，那講師自己賺好了啊！幹嘛出來教別人？」或是「真正賺錢的人是講師自己啦！」

且讓我來回答網友的疑問：

- 如果真的賺錢，幹嘛出來教別人
- 真正賺錢只有講師本人

我先回答第一個問題。我自己從事網路工作的第一天就賺錢，當時是一九九六年，我成立一個「清涼」的網站，放了很多相關 banner 廣告，只要有人點這些 banner，每次點擊我可賺四毛美金。我沒事就自己去點一點，到學校圖書館，或任何有電腦的地方點一點。當我真正收到支票的那一天，我請同學吃了一頓大餐，然後教他們我是怎麼賺錢的……

我想說的是，我自己正在網路賺錢，跟我去教別人利用網路賺錢，這是兩碼子事，為何不能同時做？你是一個廚師，每天要做飯給自己吃，為何不能教別人怎麼燒飯？我出書、開課、寫文章去教別人，我的讀者也不一定會成功，因為方法你知道也沒有用，你得去做才有用。

我教的網路賺錢方法都是親身驗證過的，如果這些方法沒用，我自己也受害。我並不會去教我不會的事，也不會想要抄捷徑，然後還教別人怎麼抄捷徑。網路賺錢沒有捷徑，就是**聚集觀眾 → 取得信任 → 賣東西**。一個正當的老師應該要從頭教起，從創造能見度開始，聚眾、建立關係和信任，再來才是賣東西。聯盟行銷屬於「後期」，如果一開始就賣東西，跳過了

基本功，也不管什麼信任不信任，直接教你開賺，這不僅是粗暴，也是本末倒置。

「網路賺錢」這個主題雖然充滿騙子，但還是有真材實料的人，這些人懂得操作流量，很會寫（或抄）文案。每個主題都有這樣的高手存在，但為何其他主題不會讓人感覺很詐騙呢？是因為那些高手會大方分享他們的所知，在**賣**之前，先**給**出很多乾貨，取得網友信任。如果你從沒聽過這個人，網路上查不到足夠的背景資料，或他本身沒有足夠的創作內容，僅僅用一貫的銷售文案來賣東西，你心裡當然會感覺他怪怪的。網路賺錢不應該像他說的那麼輕鬆才對，這八成是一位蒙古醫生。

「網路賺錢」這個主題若做得好，做得正當，它的回報是十分豐厚的，因為想賺錢是人的天性，十年後都不會變。但由於太多網友對此有些負面的刻板印象，要如何製造一個「不是騙子」的形象呢？我覺得有以下五點：

- 先「給」再「要」。給得多，但要得少、要得巧，甚至別要。
- 不套用公式化的文案。請發自內心的寫，甚至刻意避開那些文案和用詞。
- 很多人賣的東西一點價值也沒有，為何你賣的有？你真的

使用過，然後真心推薦嗎？

- 真心的幫助別人，誠懇的，就算沒有錢也沒關係。
- 修正你的心態，別把網友當白痴！

「網路賺錢」有很多種方法，也有很多人正在努力耕耘。不要想走捷徑，越想不勞而獲的人，越可能會獲得狗屎。

# 5
## 內容策展是門好生意

內容策展（Content Curation）指的是去精選別人的內容，分享給讀者。你自己不必原創，只需寫幾句評語，然後連結文章，就像是你自己的「讀者文摘」。我目前有接收的電子報當中，有滿多都是策展式內容，例如：奧斯汀·克隆（Austin Kleon），他每週會分享十個連結，是他認為讀者值得看的文章。有些是連到自己以前的部落格文章，這是舊文再訪；有些是連到別人網站，除了真心分享，當然也可能有廣告目的。所以，第一個利用策展賺錢的方法，就是廣告置入，或聯盟行銷連結。

內容策展不一定是文字，也可以是圖片，例如某個 IG 帳號收集了許多別具風格的木作家具，吸引像我這種愛好木系風的人去看。這帳號背後是誰在經營的呢？原來是一家專賣木作家具的電商，他們策展相關的圖片，聚眾之後導流到自家電商。所以，第二個賺錢方式，就是先聚集你的 TA，再持續導流到自家商品。雖然 IG 中的圖片並非全部都有販售，但利用 IG 可以

聚眾或市調用。

很多人的問題是不知道要寫什麼，那策展就是一個解答。
《Morning Brew》是一份免費電子報，每天發送新聞摘要，每
一集都有廣告贊助商。很顯然，這間公司自詡為媒體公司，只
是遞送方式是利用電子報。這跟第一點「做連結到外站」不一
樣，而是大辣辣的把贊助商廣告放到電子報裡的某一區塊，有
時還會提供訂閱者的專屬優惠。電子報媒體在國外是門大生
意，各行各業都有專屬的策展員，例如《Javascript Weekly》
就是專門在分享 Javascript 程式語言的週報，創辦人叫 Peter
Cooper，他甚至成立公司叫做「CooperPress」，"Press" 這個
字就是「新聞媒體」的意思，可見創辦人不只是隨便發個電子
報而已，而是非常認真的在辦報。我保證，在台灣，在你的專
業領域裡，還沒有一份認真策展的電子報，所以這就是你的機
會。記得，**先聚眾，再商業化。**

想像一下，如果我們用 ConvertKit 的話，吸引到一萬名訂閱
者，每月費用 100 美金，約為台幣 3,000 元。你可以宣稱你的
發行量是一萬份，但營運成本才台幣 3,000 元，是不是比印刷
雜誌省多了？更好的是，你這一個月可以無限發送，你要每天
出刊都沒問題，成本並不會增加。實體雜誌有可能嗎？

不過，內容策展要注意的是：

## 一、策展要從小眾開始

我覺得策展一開始不要貪心，從你的專屬領域出發，很小眾也
沒關係。因為現實的說，根本沒人認識你，你去講很廣泛的
事，大家也不太信任你。但你若從擅長的事開始講，至少 TA
會覺得你策展的內容有幫助，漸漸信任你。

## 二、特殊觀點或有趣觀點

太多內容策展都很無趣、單調乏味、毫無生氣。雖然是整理別
人的內容，但你可以自己加上幾句有趣的眉批，甚至你的引
子、感想、結論是不認同作者，讓讀者看起來還是有你的影子
存在。一個優秀的策展人好比一個 DJ，DJ 雖然都是放別人的
歌，但好的 DJ 還是會擁有個人魅力和風格的。有趣的觀點怎
麼培養？幽默感可以養成嗎？當然可以！何不成立一個《笑開
懷日報》《幽默週報》之類的電子報，你收集許多 FB 上的笑
話、YouTube 上的搞笑影片，反正你都每天花時間 input 了，
何不乾脆順便 output 呢？

## 三、大量 input

策展最困難之處，就是 input 夠多值得分享的事。你自己要有慧眼，挑選出真正的好東西。你不看書怎麼寫書評？不外食怎麼寫食記？不看營養的資訊，怎能整理出營養的資訊？好的策展人要花很多時間，消化很多東西。不過，我認為現代人 input 已經夠多了，只是懶得 output 而已。


## 四、固定時間發送

表示每日、每週、每月要整理一次。時間越長，累積的內容量越多，讀者可以有效吸收嗎？一旦發送時間確定下來（例如每週二上午九點），就不要隨意更動，養成讀者的閱讀習慣很重要，所以要先排程好，讓系統自動發送。


## 五、嚴格把關

策展人就是品質把關人。假設你的策展很多人看了，你的朋友問你可不可以把他的文章也收錄進去，你該如何把關？交情重要，還是讀者的期待重要？我的答案是後者。最好的把關人是

最會說 NO 的人，對你的朋友說 NO 很痛苦，但更痛苦的是有人退訂。或者，你也可以清楚表明，我選擇讓大家看到這篇文章，但是我不同意，我想要加點自己的意見，我去評論他的這篇文章，這樣有比較兩全其美嗎？

## 六、怎麼找廣告商

先去看當下的 Google、YouTube、FB 誰在做廣告？然後直接連絡這家公司，寄一份媒體資料袋（Media Kit）給他們。每份都要放「廣告合作」「贊助本電子報」的說明網頁連結，如果一開始找不到廠商合作，就從身邊熟悉的朋友開始，讓他們用便宜的價格試試看，把數據和成績做出來，更新你的銷售簡報，再試第二輪，就這樣慢慢拓展廣告業務。我相信隨著發行量越來越大，這件事會越來越簡單。

內容「策展」和內容「原創」都有人做，就看你選擇走哪條路。若你有能力的話，兩者兼具會更棒。

# 6

## 個人品牌如何變「獨特」

當我們聽到一個認識的名字時，因為立場不同，或出於忌妒或出於競爭，會滔滔不絕的講他的優點或缺點，反應越激烈、說越多，代表這個人的**品牌**越成功。白話的說，「愛死他」或「恨死他」，在個人品牌的塑造上都是好事，比起某些你聽到名字後，實在「無感」「說不上來他是怎樣的人⋯⋯」好得太多了。因此，第一個「個人品牌小常識」就是：要測試一個人有沒有品牌，是看大家對他的**反應強度**。

什麼是對，什麼是錯，什麼是成功，什麼是失敗⋯⋯隨著年齡增長，以及對自己和世界的了解，應該從別人的、社會普遍認同的「答案」或「標準」，漸漸變成自己的「答案」或「標準」，不必怕和社會規範（social norms）漸行漸遠，因為社會規範等於平凡的代名詞；不必怕分離焦慮，因為那正是進化的象徵。常態分布（normal distribution）是統計學中很重要的模型（如下圖），英文的 normal 就是「普通」「一般般」「大部分」。若我們將此模型套用在個人品牌上，中間隆起的範圍就

是普通人,也就是上述符合社會規範的一群人,這 68.26％的人都是最奉公守法、按照主流價值觀生活的人。若我們再把範圍往左右再擴大一格,到 +2s 和 -2s,變成 95.44％的人,再拓展一格就是 99.72％。

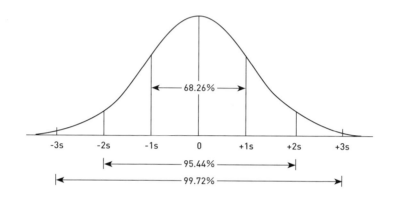

我們要成功發展出個人品牌的機率有多大呢?從常態分布模型來看的話,唯有 +1s 右邊的範圍,也就是(99.72 － 68.26)／ 2 = 15.73,約 15％的機會。我的解釋是,一百人裡面,有十五人會真的認真想去發展個人品牌,他們可能會做一些努力,但不一定會成功。其中某些人特別努力或特別好運,會移動到 +2s 的地方,那部分占了總人口的 2.14％;這意思是,一百人裡面,有兩個人持續的在做這件事,只要堅持下去,就可以**出頭**,來到 +3s 的位置,這部分占總人口的 0.13％,也就是一千人之中,只有一個人成功發展出他的個人品牌。

第二個小常識是，社會上有七成的人都落在中間隆起部分，都是一些「普通人」，沒有意願或勇氣去想什麼個人品牌，所以只要你有，你就變成了「少數」。當「少數」面對「多數」，可想而知會遇到多少困難。我們就像逆流而上的魚，要加倍努力，不懷疑自己，持續往上衝，才有可能衝破「normal 監牢」。逆勢行走並不容易，在很多方面你反主流、反體制，但我們從小被教育要合群，要守規矩，要從善如流，所以很多人會在這段期間放棄，只剩下 2.14％的人繼續走。

這條路的預設就是「辛苦」，如果不辛苦、不困難，那一般人都可以參加了。另外一個預設是「花很久時間」，如果這條路只要辛苦一兩個月，那一般人牙一咬也可以撐過，但事實是至少一、兩年，甚至一、二十年。一般人的眼光看不到那麼遠，他們只能看到短期努力的報酬率。那誰可以看的較遠呢？創業家，以及對自己非常有自信的人。

發展個人品牌的自信源自哪裡？我認為第一個是了解自己，如果你相信自己的個性、視野、能力、欲望在常態分布上「非常右邊」，那就落實到你每一天的想法和行為，將之變成習慣，然後堅持下去。**你無法決定未來，但你可以決定習慣，再讓習慣決定未來。**堅持的過程中，你必須同時擁有三個條件：**熱情、專長和足夠的收入**；前兩項比較簡單，因為可控，但其實

第三項也是你可控的。我認為足夠的收入來自你積極的自我行銷。想像你是一家公司，產品能造福社會，幫助到很多人，你每賣出一個，就幫助到一個人，同時為自己帶來收入。所以，在超級業務的字典裡，沒有**過度積極**這四個字。一個好的業務員，使命就是達成業績目標，如果產品夠好，目標能產生正面影響，那麼他不應該有所保留，做好事不應該客氣。也許銷售過程會被人誤解，仍須火力全開的衝刺。如果有一天，你成功的發展出個人品牌，能用影響力幫助到很多人，那麼你的自我行銷更不該有所保留，或是畏畏縮縮。

最後一點是，你一定要真實的做自己。每個人看起來都是普通人，其實並不是，每個人都是獨一無二的 —— 這聽起來也許有些芭樂，但隨著年紀增長，每個人的生命經歷和遭遇不同，就「人生故事」來說，真的都是獨一無二，而且無法再複製的（就算場景能複製，心境也很難）。

把我們的「位置」從中間的位置盡力往右邊移。如果我們常常在想：

「我的生活不 normal。」

「我的視野不 normal。」

「我是個很特別的人。」

「我覺得主流共識在某方面不正確。」

「我的故事世上絕無僅有。」

慢慢的，你的行為會改變，新的價值觀會成型，新的習慣會養成，你就會越來越感到自己遠離「主流」，感受到你與社會大眾的不合群，擁有一套自我獨特的想法，做一些社會大眾不太理解的工作⋯⋯

而且，越來越多人認識你。

于為暢
2018年9月13日 · 🌐                                    • • •

昨天寫完好笑的冷凍減脂體驗文，然後今天投入正經的教育書稿，思想和風格的轉換真是曲折。

昨晚直播有朋友問如何找到自我定位，其實我的定位就是無法歸類，我就是我，真實的人生投射，一個生活 range 很寬的人而已。

# 7

## 老人還能待在
## 網路科技業嗎

騰訊公司創始人馬化騰說：「有時候，你什麼錯也沒有，就錯在太老了」。

特別是在網路科技業，這句話可說是至理名言。這行變化得太快，老人是沒什麼競爭優勢的，你過往的經驗很可能早已過時，管理技巧也可能派不上用場 —— 員工都在家上班了，你管理盆栽嗎！抖音你看兩分鐘就眼花，搞不懂是在夯什麼！很多 YouTuber 莫名其妙就紅了，讓你看不下去 —— 網路世界的種種都與你格格不入，彷彿來到一個陌生的世界，總是抓不到網友的習性。以前還可以勉強跟上網路動態，但越來越力不從心。你所不知道的是，在嘲笑長輩圖的同時，自己也慢慢變成長輩了……歲月真的殘酷，你沒做錯什麼，但你老了。

根據一篇文章指出，求職網站 Indeed.com 做了一份調查，有82％的科技業工作者是在四十歲以下，有46％是三十五歲以

下，17 %是三十歲以下。嬰兒潮世代（Baby Boomer）非常擔心自己的工作未來，四十五～五十四歲的族群中有13%擔心會因為太老而丟工作，五十五歲以上的人有14%也反應類似的擔憂，43%的人則偶爾會擔心。

性別歧視、種族歧視、年齡歧視……很多歧視存在於職場和社會。我印象很深刻，以前我在一家港商網路公司上班，總覺得主管沒有我懂網路，他憑什麼當主管？那時候剛好是網路泡沫前夕，沒什麼事可做，我每天在我的位子上寫部落格，在論壇與人筆戰──那時還沒有社群小編這個職位，如果有，我鐵定十分勝任。當時的我覺得，「網路」就是創造內容、創造流量、引起話題、養成社群──當然，這是很大一部分，但這只是「前端」，也就是**好玩的部分**。「後端」是什麼？無趣的部分是什麼？就是如何**變現**。網路再好玩，若是無法變現，你能玩多久？我的主管之所以可以當主管，正是因為他兼顧後端，也就是最重要的部分。他有廣告界的人脈，可以找到願意下廣告的客戶，注入現金流，才有錢養我們這些員工，讓我們在位子上玩前端。

雖然後來這家公司因網路泡沫而收場，我們全部被裁員，領了一筆不算多的資遣費，但我學到更有價值的東西，那就是：**做網路一定要賺錢**。不然，就只是興趣，不能當工作。所以後來

我進了其他網路公司，做的每一件事，都把「能否賺錢」當作最重要的條件。我進而發現公司裡越資深的同事，對「能否賺錢」的影響力就越大。從此，我開始尊重網路老人。我發現，很多人雖然不懂網路的本質，但他們懂賺錢，他們把在實體世界賺錢的方法，直接搬上網路，居然也可以成功。打個比方，我看過太多第一代的電商老闆，他們根本不懂網路，但他們懂得如何賣東西，於是把銷售經驗和 know-how 移植線上，也可以賺到很多錢啊！

所以老人還能在網路上混嗎？十年前，我就開始「預防」，並做出對應的生涯規畫。以下就是我的五點「防老計畫」：

## 一、更努力學習

以前是「活到老，學到老」，現在是「學到老，才能活到老」。做網路事業，不學是無法活的，不但要學，而且要學得快。年輕人學個東西可能很快，非常自然的就學會；老人家學東西，速度可能比不上年輕人，但沒有辦法，你只能加倍學習，讓你的心保有學習慾。「經驗」對工作也許有點幫助，所以跟年紀無關，最重要的就是**持續學習**。我知道是老生長談，但沒辦法，這就是事實。（畢竟我也不是年輕人了）

## 二、用人脈影響

我在港商網路公司上班的經驗中學到，**人脈＝錢脈**，這是越老越可以累積的東西。雖然你的同溫層也都是老人，但他們可能都已經爬到上面，是手中握有預算的人。你公司的年輕小夥子打冷電話去賣廣告，不如你約老朋友出來吃頓飯就搞定。如果你是一個**有在累積人脈**的老人，那你認識的人絕對比年輕人多，「含金量」也比較高，就像我以前的主管一樣。聰明的年輕人絕對不會介意**善用**前輩的人脈，對他們來說也很有價值。當你越老，就算你的人脈沒有越廣，也應該越深，發個訊息就搞定一切的深。

## 三、創造自己的工作環境

如果職場不要你，並不表示你不能再工作，你可以為自己工作！不管你現在多年輕，也應該去思考老了之後要如何維生？你的老年計畫是什麼？直接退休吃老本應該不太可靠。不必等白髮蒼蒼，如果有一天你被裁員，就算還年輕，但你的能力不一定跟得上時代，或者被機器人取代。你應該要有第二計畫，萬一無法待在職場上，你的備案是什麼？我常說上班族的風險**越來越高**，因為你**越來越老**。我早就料到我會變老（廢話），

所以我早有準備，而且創業的風險**越來越低**。如果你有在做可累積的成品，可以撐過頭幾年的話，你應該嘗試打造數位化、規模化、自動化的工作流程，創造屬於自己的工作環境，然後就這樣工作到不想工作為止。

## 四、選擇跟年齡經驗有關的工作

什麼工作是老了還能繼續做的呢？你的年紀和體力或許在職場上很多地方都是劣勢，但有什麼東西是可以隨著年齡增長、見多識廣、經驗豐富，而把這件事做得更好，轉成工作上的優勢呢？有的，那就是**寫作**。人是經驗的動物，寫作要好看，故事要精彩，這點年輕人很難跟你比，你就活得比較久啊！我現在每天主要的工作就是結合「創業」跟「寫作」，說來幸運，有夠多人願意看我寫的東西，這些也是多年累積下來的結果。你的生活經驗會累積、學識會累積、讀者會累積、「陰德」會累積、SEO 會累積、人脈會累積……我們要做會累積的工作，寫作正是。把一切可以累積的事情全部兜起來，就是最適合你老了以後的工作方式，也是任何人都該考慮的防老計畫。

## 五、投資

你不懂年輕人的世界，那就雇用年輕人，授權給懂的人，你只要出錢投資就可以了。年輕人有知識沒有錢，你的知識跟不上但有錢，不是剛好互補嗎？所以投資年輕人是一個解法。如果你看不懂年輕人在做什麼，也可以只投資你懂的領域，你可能不懂抖音、不懂社交媒體，但你懂實體活動、公關行銷，你只要投資那些懂的部分就好，網路創業有很多面向可以滿足你。當然，你也可以投資股票、黃金、房地產等，正如大部分的上班族退休生活那樣。

網路不會消失，只要你能保持一顆勤於學習的心，基本上是人老心不老的。我們看到很多老人家還在掌管傳統企業，未來網路企業又有何不可？不要擔心你因為變老而失去工作，因為所有的工作都有可能消失，包括年輕人也一樣面臨挑戰。重點是，在你的工作消失之前，能否創造出自己其他的工作方式。如果你現在覺得自己還很年輕，看網路商機的眼光還很**敏銳**，還能掌握趨勢，那你就更應該趁早布局。

# 8

## 如何決定免費和
## 付費內容

這道題目很多人問我：一個創作者該如何區分「免費」和「付費」內容？免費內容可以聚眾、增加信任感，讓你賺到名氣，但名氣不能吃，我們還是要賺錢，所以必須收費。我們可以像許多部落客或 YouTuber 那樣接業配，靠廣告賺錢，但這不是長久之計，也把自己局限住了。我們最好直接向讀者收錢，讓他們付費來看我們的內容。那什麼該免費，什麼該收費，有沒有方法或依據可以參考？

以下我提供三種常見作法，結合我自己的經驗給大家參考：

### 一、「基本」和「進階」

這是最一般的作法，把知識分成「入門」和「進階」，去對應「免費」和「付費」。不過這種作法有幾個缺點。首先，你不

知道那條界線在哪裡，什麼是基本？什麼又是進階？若把基本功當作免費內容，別人也看不出你真正的專業，可能還會想說這些內容都好基本，付費內容也進階不到哪去吧？所以我不鼓勵大家用這樣的分法，一來很難區分，二來付費內容有多好，大家看不到，這樣會把你的定位看得很「入門」，就跟多數的免費網路內容一樣，沒能引起付費的動機。

## 二、「問題」和「解決方式」

你寫了一篇文章放部落格，或提供免費電子書下載，標題是「十個常見的新創公司失敗理由」。很多人看，大家覺得你好厲害，有其專業，但是看完以後，知道了這十件事之後呢？我能做什麼去避免失敗？想知道，歡迎報名我的線上課程「新創公司成功的十個步驟」。簡單來說，你點出問題，分析得頭頭是道，這是免費的，但你沒講如何解決，因為那是付費內容。「免費」對應「問題」，「付費」對應「解決方式」；用英文來解釋，「what」「why」是免費，「how」要收費。

這是國外最常見的區分法，我常常下載一些免費的電子書回來看，看了半天也沒看到確切的答案。就算有，也沒有拳拳到肉，命中問題的答案，隔靴搔癢，看到後面才發現原來只是

「鉤子」，要吸引我去買線上課程，或其他付費的產品。仔細想想，電商的作法不都這樣嗎？在賣一個東西前，先把這個問題分析得頭頭是道，讓你覺得好需要；甚至還用恐懼行銷，讓你覺得問題超嚴重、超急迫，而他所賣的產品剛好可以解決這個問題，所以「看廣告」「看到問題」「學到一些知識」是免費的，但「想解決問題」「省時方便」是要花錢的。

## 三、「標準化」和「客製化」

你自稱是一個行銷專家，提出一些行銷通則，厲害的話，再給一些產業的成功案例，這些乾貨很可能被推爆 —— 然後呢？很多人就會來找你，可不可以給他們的行業別一些建議。這個時候，就是付費的切分點。標準化的內容放到 YouTube 去、寫給大家看，全部免費；但若要客製化，不好意思，這就是收費服務。既然是客製化，也表示客戶數不會太多，不然你會沒時間，而且每一個客戶要收費高一點，你等於是他們的短期顧問，這樣的策略是直擊行銷漏斗的最下方 —— 高利潤商品。如果要走這一招，等於是給出 80％ 的知識，賺 20％ 客戶的錢，但他們給你的錢，應該占你知識收入的 80％。這一招可以贏來不少掌聲，因為你真的給出很多乾貨，但風險是要確定有人會付你夠高的客製化費用。如果沒有的話，怎麼辦？所以，這有

點不可控。好消息是，你可以快速建立名氣，也許就會有意想不到的機會從別的地方出現，例如：出書、線上課程邀約或其他的商業機會。

不過，我一向喜歡化繁為簡，所以根本不會想區分免費或付費。如果是我「非網路專業」的作品，例如旅遊、教育、生活類，一律免費；如果是「網路專業」的東西，我一律寫值得付費的內容，然後隨我高興「何時釋出」或「釋出多少」的免費試閱，這樣是不是簡單多了？而且還有一個莫大的好處，也是我一貫的原則：**可以精準控制你紅的速度。**

想紅或招商，就多放點魚餌出來；想維持低調賺錢，就不要太搶鋒頭。你可能會問，為什麼不想紅？為什麼不想多賺點錢？我的答案並不是不想紅，而是我想紅很久，不是紅很快。假設「免費內容＝行銷」「付費內容＝產品」，二〇二一年我的配置可能是「行銷4：產品6」，二〇二二年可能是「行銷5：產品5」，但二〇二三年很可能變成「行銷8：產品2」……看出來了嗎？我的優先順序是先做產品，再做行銷。對我來說，行銷比較不急，也比較容易（就一直釋出免費乾貨啊），所以趁我現在還有創作慾望時，先大量的寫出好文章，然後慢慢的一點一點釋放，或做出好產品，變成未來行銷的目的地。

如果你認真找，其實我在網路上分享的免費乾貨已經超多，畢竟我已經耕耘了十幾年，所以我也該開始回收了。不過，長江後浪推前浪，不時還是要放一點免費的出來，提醒大家我的存在。未來也許我需要更多知名度，就四處去蹭一下時事，最後留下「我兩年前的文章供大家參考」，這樣是不是方便多了？

# 9
## 四個重要的定價觀念

當你好不容易開發出產品，準備銷售，就會來到「定價」這一關。本篇要帶你了解定價策略的奧祕，避開常見的錯誤定價方式，讓好產品配上好定價，銷售一飛衝天。

第一個重要觀念，就是你的產品不能只有一個。當網友來到你的網站，只看到一個產品，那他們面臨的是「是非題」──買？或是不買？這樣的一翻兩瞪眼其實對你不好，大部分人可能就不買。你要做的是把「是非題」變成「選擇題」，所以要放上不只一個產品，讓他們在不同產品之間做選擇。會不會有人覺得「小孩子才做選擇，我全都要！」答案是會的，雖然比較少數。

當消費者買過你免費或便宜的產品後，他們願意回購的機率比不曾買過的人多出六倍。所以當你手上產品越多，中間的交叉銷售就越多。買過 A 的人，很可能又買 B；買過 C 的人，可能也買過 A 和 B。以我自己來說，有以下產品，多數人從便宜的

產品開始買，然後因為想要**更進一步**，之後越買越貴。我們要的是「顧客終身價值」，而不是只做一次生意。

---

我的產品和定價

A 實體書《部落客也能賺大錢》$168
B 實體書《網路強人會》$168
C 實體書《從 0 開始的獲利模式》$253
D 實體書《暢玩一人公司》$380
E 實體課程《個人品牌大帝國》$17,000 ~ 22,000
F 線上課程《Email 行銷超能力》$3,988
G 線上課程《MailChimp 必修課》$7,500
H 線上訂閱服務《完全訂閱制》$3,650 ~ 4,650

---

第二個重點顯而易見，越高單價的產品，占我的營收比越高，所以不要怕漲價讓客戶變少。一般來說，就算客戶變少，該產品仍會帶來較高的收益。我們想得極端點，低價商品只是為了高價商品而存在的，讓客戶自然的**由低到高**，這也是套用行銷漏斗的概念。

第三個重要概念，除了產品要變成選擇題，定價也要。常見的錯誤策略就是一個商品只有一個定價，這是大忌，因為又讓客戶面臨是非題：這個價錢可以接受？或不能接受？

講到定價，我們很常看到：

- 以成本定價（cost-based pricing）
- 以價值定價（value-based pricing）
- 以市場定價（market-based pricing）

如果是數位產品，適合用「價值」和「市場」來定價。先說價值定價。「價值」因人而異，同一瓶水，你在沙漠賣給快渴死的人，或賣給剛吃完 buffet 的人，對他們來說價值不一樣。同一門線上課程，有人剛好工作需要，而且可以報公帳；有人只是覺得有興趣、好玩，自己出錢。因此，要有不同定價，或者我們說不同的「產品方案」。你去看 PressPlay 網站上任何一個訂閱制服務，每個創作者都有多套方案。

根據我和其他老師的經驗，定價最高的那個方案（通常是一對一顧問之類的服務）都是第一個額滿的，也就是說，當大家需要你的知識時，很多人會**不惜金錢**購買。我常說，消費者之中有一定比例是無視金錢的，可能是花別人錢或自己超級有錢，花 2,000 元或 6,000 元對他們來說沒什麼差別，但你就差了三倍的收入，所以你一定要創造一個商品給他們去買，不要白白浪費這一個機會。

第四個重要觀念就是「錨定」（price anchoring）。錨定有很多面向和用法，可以讓消費者迷惑於比較之中而產生認知偏差。假設你要賣一本電子書，大家會把它拿去和實體書的電子版比較。你也知道，網路書店的電子書定價是以實體書來定的，多半比較便宜 —— 出過書的都知道，出書不會賺錢，所以若你自己要在網路上賣電子書，其實利潤並不高。怎麼辦呢？解決方法是把定價要拉高，不要讓消費者把它拿去跟網路書店的電子書比較，否則他們會嫌貴。你要賣的是一套知識學說，配合上述的「選擇題」策略，至少要賣兩種以上的產品組合。

A 《個人品牌創業指南》電子書＋《10 個成功案例人物專訪》＋《有聲書版本》＋《30 天工作計畫表》＋《讀者免費 QA 直播》$1,200

B 《個人品牌創業指南》電子書 $500

消費者此時面臨的是選擇題，也不會把它拿去和電子書比較 —— 然後相信我，買 A 的人也許不會比 B 多，但收入一定高出好幾倍。

最後一個策略，搭配錨定來使用，叫做價格支架（price

bracket）。簡單來說就是主力要賣 A，於是再加上一個更貴的 S，讓它二次錨定。

S　《個人品牌創業指南》電子書 +《10 個成功案例人物專訪》+《有聲書版本》+《30 天工作計畫表》+《讀者免費 QA 直播》+ 一年免費顧問 $3,800

A　《個人品牌創業指南》電子書 +《10 個成功案例人物專訪》+《有聲書版本》+《30 天工作計畫表》+《讀者免費 QA 直播》$1,200

B　《個人品牌創業指南》電子書 $500

頓時，A 方案就會變得很划算，因為你故意把它「集中」了，所以增加更多銷售量。那麼 S 方案會不會有人買呢？當然也會！有錢人總是無視價格。一般來說，你的方案越多，收入就越高，因為你創造更多收入的「管道」。當然，也不是方案越多越好，某些人會有選擇障礙，二～四個方案為最佳策略，最安全的選擇是三個方案。

願大家往後在產品定價上能有很完善的作法。

# 10
## 實體課程的定價策略：
## 我為何「每年一漲」

二〇〇八年，我出版第一本書《部落客也能賺大錢》，宣傳活動很多，引來一些單位邀請我去開課，其中最積極的是 U 公司，我也趁機跨界，從上班族首次斜槓當講師。當時的我不太在乎講師費，有人給我機會我就去，不但可以推廣我的書，還可以推廣我的公司，所以配合度很高（＝報酬很低）。當時我有寫部落格 po 文記錄下來，每人報名費是 2,000 元，授課六小時，我拿每小時 1,500 元的鐘點費（我回顧 Email 紀錄，他們一開始只想給我一小時 800 元）。我當時還是公司總經理，想說這些都是外快，錢不是重點，是為了書，所以下班後，還自掏腰包坐計程車趕去教室。學員們反應很好，加上當時部落格正夯，我們維持同樣條件很快的開了第二班、第三班。接著，在內湖的 X 公司也來找我，我用同樣的條件再開了兩班。計程車錢到內湖更貴，我的商業直覺告訴自己這樣不划算。既然大家是衝著這本書和主題而來，我自己又有寫部落格，我不應該只賺鐘點費，何不自己招生呢？

二〇〇九年，台中美食部落客小剎找我開課，我請他幫我在台中招生，扣掉教室、便當、影印等成本，我跟他五五拆帳。小剎一樣有創業家的商業思維，我們陸續開了四班，直到我們幾乎把台中部落客都**掃光** —— 說是掃光，其實不會付費上課的人再便宜也不會來。自此開始，我就一路開「公開班」，這意思是全部準備工作都自己來，包括找場地、寫文案、訂便當飲料、製作教具、印製講義、以及最具挑戰的招生。我這十二年一路下來，應該是台灣開公開班的「資深前輩」（這詞真刺耳），很多前期的學生也自己陸續開公開班，有問題也會隨時問我。前期我開課的定價方案很亂很雜，因為當時我還沒有抓到訣竅。大致的作法是先有個比較高的定價 —— 大約只有 1% 人願意成交的價格 —— 然後，再給很多眼花撩亂的優惠方案，包括：

## 一、舊生優惠

這是和定價差最多的優惠，因為舊客比新客容易說服，他們上過課覺得滿意，很可能會再來。最高紀錄是某老闆上了六次，上過二～三次的學生就數不清了。因為舊生某些觀念可能聽過，簡報也看過，學到新東西的比例較少，所以我給他們最大的優惠。

## 二、單人早鳥優惠

早鳥優惠很重要。一是增加報名的急迫性；二是因為要訂教室，最好先抓個大概人數；三是先拿到錢先心安。不過，早鳥優惠有個缺點，就是過了以後，大家可能就不加入了，所以有三個配套：一是跟原價不要差太多，大約是定價的 20％，例如我二〇二一年定價是 22,000 元，單人早鳥價是 20,000 元，學生只要動作快、決心夠，就省錢。第二個訣竅是不要離開課日太遠，我目前早鳥是訂在開課日前一週。第三個訣竅是加碼更好的方案，也就是搭配下面介紹的「多人優惠價」。其實還有第四個，就是當早鳥價一過，就要把早鳥價移除，後來的人就不知道早鳥價了 —— 不過這點在很多地方不能用，例如我同步在全台開班；又或者，放著給大家看也沒有不好，至少在下一次開課時，有興趣的人知道要盡快把握。


## 三、雙人優惠價

請學生找一個朋友來團報，一次增加兩個學生，招生的速度快兩倍，這是一定要有的優惠。

## 四、三人優惠價

一次進來三個學生，招生的速度快三倍。不過，二〇二〇年開始我取消了這個方案，為什麼呢？因為課程很貴，這讓原本想來的朋友揪人不易。當有人問你「要不要跟我去上一門一萬五的課」，一般人的反應可能是「拜託，也太貴了吧！」可能會遭人白眼。所以，如果收費是在 5,000 元以下，你比較適合開放三人優惠價。

## 五、揪團專班

有人私下會想揪團請我去上課，我的最低開班人數是八人，這樣才能至少分兩組；或是可以訂個「最低收入出席費」，學費加總有達標才開。揪團開班的主揪通常也是有影響力的人，若你覺得「沒有他，就沒有這班的收入」，看要不要給主揪優惠價或是公關名額。至於學員，全部都是均一價。

## 六、額外折扣

基本上這是放大絕了，因為定價不能動，各個方案也不能降

價，但有時天不從人願，就是莫名的難招到學生。此時我的作法是會給「優惠碼」，找一個你擁有的社群，例如我的舊生line群組，跟他們說如果有興趣報名的話，可以在「雙人優惠價」之上，填入○○○代碼，就可以再打折。我通常會再優惠一、兩千，是比較有感的價差，希望成為壓倒駱駝的最後一根稻草 —— 請注意，這是逼不得已才放的大絕，不要輕易使出，不然以後大家就直接等你的優惠碼了。

以下是我過去十一年的實體課程成交價走勢，最後我想說明為何要「每年一漲」。

### 實體課程定價

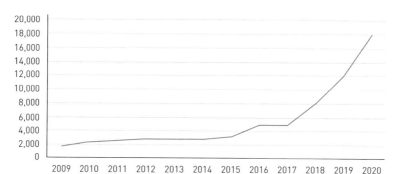

二○一四年之前，我的實體課程都在兩、三千的範圍內，因為當時主流價位就是這樣（跟現在線上課程差不多）。直到我

去上了「超級簡報力」，認識了憲哥、福哥、震宇哥三位老師，我才驚覺人外有人，講師外有超級講師。當時他們三人合體開公開班，我和李柏鋒團報，每人付兩萬八 ── 不是兩、三千，是兩萬八！最後我得到第五名，可以請福哥來旁聽並指導我的課，他直接打通了我的任督二脈。更重要的是，福哥跟我說：「你的課這麼好，不應該只賣兩三千，至少要賣一萬以上。」我半信半疑的問：「福哥，真的可以嗎？」他回答：「相信我，我走過你走的路。」

我雖然相信福哥，但我不夠相信自己。就在半信半疑之間，把下一次公開班定價 7,800，等於直接翻倍。你猜怎麼著？福哥是對的！完全沒有影響我的招生，會來的還是會來，不會來的還是不會來，而且我發現來的學生素質都很好，不會有早期那種「怪人」「網賺派」或「路過經過來了解一下」的學生。對於老師來說，都是上進心強，學習力高的學生，教起來也十分愉快，有成就感。

從此之後，我開始實施「每年一漲」的原則，幅度大約是 15%左右。原因除了學費越貴、學員素質越好、未來成就越高之外，自我價值感也會越來越高，而且外界看你的價值也是。說穿了，我們的價值，本來不就要跟著年紀、經驗和智慧而成長嗎？怎麼能停滯呢？

想像一下，我教部落客／自媒體／個人品牌創業已經十二年了，前輩不前進，後輩怎麼跟進？如果我自己的學費還停留在兩、三千元，那後輩要收多少？我帶頭把市場做大，大家都有空間可以漲價，大家都賺錢，這才是我存在的意義吧？

「每年一漲」還有一個好處，讓大家對你的產品有急迫感，因為你今年不買，明年又更貴了，在潛在客戶心中，你的定價越來越貴，但默默的，他們會把定價和你的身價畫上等號，這樣的定價策略才是最好的。同時，你自己也會持續升級，而且是急迫性的升級，讓各方面能力變更好，包括專業知識、文案能力、網路行銷能力、內容聚眾能力、心理學應用、人際關係處理等，你的能力要跟上你的價值。「每年一漲」這個原則只是大方向，你會發現我說的「每年一漲」的背後，漲的其實你的能力和智慧。

以上是我實體課程定價的十年過程，我也走過那段低價的歲月，隨著時間累積才慢慢漲價的。所以各位想當講師的朋友，不要急於一時，戲棚下站久了就會開花結果。「每年一漲」你的專業和能力，你的價碼會跟上的。

# 11
## 利潤才是安全指標

做生意的人都知道，利潤才是重點，不是收入。假如有人說他年收百萬，你要問他是利潤百萬，還是收入百萬，這兩者天差地遠。創業家該追求的是利潤最大化，而不是收入最大化。有時利潤會隨著收入同步增加，但有時不會，「年收一百萬，利潤一百塊」是非常可能發生的。當我們說創業要「賺錢」，請記得不是「有錢進帳」，而是「有錢留下」（在扣掉所有支出後）。

前面提過，我在念政大 IMBA 時，從某經銷商批健康酵素來賣。為了賣此商品，我研究人體腸胃、酵素成分、便祕原因等產品面的運作，同時自己寫文案、做圖、寫 HTML、論壇留言等網路行銷的東西，不得不說這些技能比學校學的有用多了！我記得很清楚，我用每盒 550 元進貨，再用 1,100 元賣出，每盒利潤是 550 元，最後總共賺了多少錢我不記得了，但最後我沒繼續做，一是因為我爸媽希望我專心於課業，二來是我的商業企圖心變大：看似 50%的利潤，實際上沒賺那麼多，而且我

是跟經銷商進貨，無法擴大利潤，所以後來就不做了。在此我學到，利潤 50％是不夠的，但實體產品有 50％利潤已經很不錯了，所以我的心得是：我不想賣實體商品。特別是「進貨、轉賣、賺差價」的這個模式，因為包裝、寄送、庫存、物流、退貨、客服的成本很高，稀釋利潤又營運麻煩。

二〇一五年，我的主業務是部落客發案，最大客戶是 m 購物，沒有實體商品，我不必出貨，商業模式等於「買空賣空」。舉例來說，m 購物有個廠商要賣水壺，它們給我五萬，請我找三位部落客，我幫他們選人、聯繫、催稿、校正等，我給每人一萬元稿費，我自己賺差價。每個案子的預算不一定，有時預算十萬，利潤只有一萬，因為廠商指定要找某網紅寫，而他的稿費就要九萬，這種有指名的案子我只能當作是服務好客戶。因為我累積許多次發案的經驗，也很熟悉某些部落客的「習性」，所以配給廠商的人選多數令他們滿意，也成功帶動不錯的銷售。

那兩年我的收入雖然不錯，但感覺上並沒賺到很多錢，原因有很多。第一、我為了服務好客戶，提升發案的效率，我聘請一位工程師寫資料庫，每月 45,000 加其它福利，年支出約 55萬。因為每月營業額增加，我有足夠的現金流，所以我又請了兩位員工，總支出約 50 萬，光是人事成本夯不啷噹就超過

一百萬。我知道這對於大公司來說不算什麼，我當時也不覺得有什麼，反正公司營業額有成長就好，我也不會嚴厲督促員工要有相對的貢獻。

還有一點，是會計上的盲點。我發票金額開出去是五萬，但我要分三萬給部落客，等於我實際利潤是兩萬，但對國稅局來說公司賺五萬，所以我繳的稅很多。因為我是先收錢，再把錢轉出去，多數部落客沒有公司發票可以抵銷，只有勞務報酬單，加上要幫他們代扣二代健保，在稅務上的成本比想像中來得高。總之，那兩年我雖然賺了一些錢，但感覺與我帳上的收入金額不符，根本沒太大利潤可言。

二〇一七年，m購物把行銷預算轉移到YouTube和直播主那裡，我部落客發案的收入因此驟減，應該說是「斷崖式崩跌」。如果我能認清事實，早點裁員就好了，可惜我繼續拖著，員工薪水照付，但收入沒有增加，我幾乎得用私人帳號去支付員工薪水，所以那年我過得很慘。到年底，我終於決定切斷一切，朝向一人公司的發展。我必須降低支出，把支出最小化，那就是一人公司。

以上讓我學到一些經驗。第一、別把雞蛋放在同個籃子，靠一個客戶支撐整個公司是非常危險的。第二、發票金額和實際賺

到多少錢沒太大關係，**不要被收入騙了**；如果你收到一些錢，但還要轉很多錢出去，那在稅務上是不利的。第三、看著收入成長，會開始對金錢做不妥善的運用，例如其實你根本不需要請員工。這是很常見的消費心態，當一個人有錢，他們會開始買更多「想要」，而非「必要」的東西。第四、「由儉入奢易，由奢入儉難」，收入變化快，但支出不一定有跟上，當我們看苗頭不對，對未來不樂觀時，不要留戀，不要過度自信，要用最悲觀的心情去面對成本，這是為了留得青山在。第五，別被社會價值觀所誤導，誰說公司一定要越來越大，員工要越請越多？在「追求利潤」的唯一道路上，什麼面子都是假的，利潤越來越高才是真的。

我開始覺悟**一人公司**才是最適合我的商業模式，追求**利潤最大化**才是事業的最高原則。這樣一來事情就簡單多了。我貫徹「精實創業」的精神，把成本降到最低，然後研發各式各樣的知識型商品（因為這利潤最高）。當產品夠多，就可以做產品組合，交叉銷售。在這個過程中，所有會侵蝕利潤的東西都應該移除。「利潤優先」這樣的思維必須深耕在腦袋裡，在你做任何決定時都會浮現。

# 創作與人生

人人都可以是創作者，有計畫的創作就是創業。
實踐「生活即事業」，
讓你「日日有見財」。

# 1

## 一百萬字的旅程

好，我的年度目標：寫出一百萬字。

謝謝您，我愛您。

二〇一八年一月四日，我發了這則貼文。大家以為只是一般的
年初計畫宣告，不知道的是背後的故事⋯⋯

我發這則貼文的時候，視線已被淚水模糊。我人在回家的火車座位上，看到哥傳來的訊息，說我爸已經宣告不治，腦中風後再也沒有醒來。雖說我們早有準備，但還是難以接受這最終的宣判。在激動的心情下，我在 FB 上對父親許下承諾。我爸喜歡看我寫的文章，他常跟我說他看不懂，但還是愛看。我出了第一本書後，他很驕傲，第二本書是我自費出版，為了要讓他有出書的參與感，還刻意把他放上版權頁的校對人員，雖然他好像沒找到任何一個錯字。第三本書出版後，他也是到處炫耀，只是身體已大不如前；第四本書他無緣見到，不過我們去看他的時候，我燒了一本給他。

我從國中起開始愛上閱讀，那時我人在加拿大，爸媽扛了全套的金庸和很多的倪匡小說給我們。人在異鄉，看到中文字很親切，金庸的江湖俠情和倪匡的創意科幻，開啟了我的閱讀人生。書看多了，腦袋自然會產生許多想法，我可以讓它們自然流失，但我覺得很可惜，於是記錄下來。二十二歲進社會後，憑著一股上進心看了好多好多書，藉由閱讀 → 筆記 → 複習筆記 → 產出文章，加上當時的生活和職場經驗，強化我的某些價值觀和言行舉止。例如，我不以「小弟」自稱，忘了是哪本書說的，自稱小弟，在姿態上就矮對方一截。又或者，我不太會省錢，因為忘了哪本書說的，錢只會越省越少，要越花才會越多。總之，所有看過的書，那些觸動靈魂，與我心共鳴的論

點，都化為我生活及思想的一部分。

我是這麼認為的，當閱讀量來到一定境界，你一定想要寫些什麼的，不然多難受。就好比你吃了很多美食，最後一定要大 —— 我是說大方分享。跟所有技能一樣，熟能生巧，你抓到手感和節奏，從此變成日常習慣。對外來說，出了四本書，讀者越來越多；對內來說，回頭看幾年前的作品，懷疑自己怎能寫出那些文字？不過，這就是成長的過程，很多事情、現象、筆法、語氣、用字遣詞，只有年輕時才會寫出來。有些事情需要當時的狀態和勇氣，寫作也是。就像女星拍寫真集要留下最美好的身材，我也想留下年輕時的幼稚文字，那些老了以後就不會寫下的文字，二十歲的文字、三十歲的文字，和我現在四十歲的文字。

二〇一八年，我沒有正式出版任何書籍，部落格也很少更新，離達標還很遠。所以到了下半年，我又發文提醒自己要加把勁。

結果一轉眼二〇一八年就過了，我看了一下 Excel 表，才寫了三十萬字，很汗顏。你知道，自由工作者自由慣了，常常過度自由，連答應爸爸的事都沒做到。我明明也看了很多書，腦中很多想法，但為什麼手卻跟不上呢？我看到一些同溫層的朋友

一直在出書，以每年一本的節奏在出，但明明我也有這個能力啊，所以阻礙我的是什麼？是因為沒有人逼我嗎？那不然自己逼自己好了。

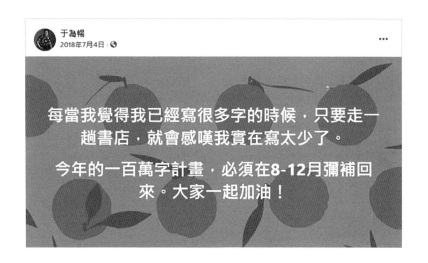

二〇一九年七月一日，我開啟了《完全訂閱制》電子報，我把逼自己寫作變成習慣，平均日產兩千字，把它當作每天起床的第一件事。無意外的，二〇二〇年六月三十日，我完成了第一年度的《完全訂閱制》，總字數超過七十三萬字，加上我二〇一八年寫的三十萬字，達到了我答應父親的一百萬字。從零到一百萬字，我花了兩年半的時間才達成，比原本預期的多了2.5倍的時間，但遲來總比沒來好，我爸在天上應該也是很驕傲的。

這一百萬字為我帶來了什麼呢？

## 一、更規律的生活

逼自己每天早上八點要寄出，所以五點就得起床準備。很多人問，稿子沒有庫存嗎？答案是第一年有，但到了差不多第七、八個月就用光了，要知道我是「日更」啊！加上我有時候還出去度假，差不多有三到四成的時間，稿件是沒有庫存的。我有快速產出文章的自信，但大家不要學我，滿危險的！因為我早上五點就起來動腦，經過一天下來的輸入和輸出，體力和腦力在太陽下山後差不多就用完了。我這才發現規律的生活是健康、快樂和成長的關鍵，身體的運作應該配合天地的運行。

## 二、腦結構的變化

你試試看，從現在開始寫一百萬字，別的不說，腦細胞就會起變化，而且當然是變好、變活躍、變出更多連結，更多連結表示創造新的想法，也就是變聰明囉！這不需什麼科學實驗佐證，看越多、寫越多，當然會比較有學識、有見地，混合出自己的一套知識學說，個人腦中的知識宇宙就此誕生。在別人的

眼中，你就變身為某領域的專家了。

## 三、外在的名利

「名」是一定會有的，不時分享一些乾貨和數據，大家就說你好棒棒，但「利」呢？這裡我略分為兩種收入：**立即收入**和**未來收入**。我們先看立即收入。

我把我第一年的所有文章全部秀出來，而且我不是用一般貼文，而是用「生活要事」的貼文類型，這則貼文底下就有很多陌生人留言說也想訂閱，轉換率應該有 40 ～ 50％，光是由這則貼文而來的訂閱者就超過一百位，這兩、三天我就賺進了約四十萬。我其實可以下個聳動標題「一則 FB 貼文讓我賺進四十萬」，但事實是我花了一年耕耘，在一瞬間爆發而已。我的心情呢？開心，但不意外。

這一百萬字還有其他來源的收入。《完全訂閱制》的內容被擷取出書，書的版稅每年都會結算，部分文字還會被我延伸拿去做成簡報，產生課程收入。所以，我們用金錢的標準來看這一百萬字，也等於有變現一百萬元的潛力。

人說「命運是掌握在自己手上」，我同意這句話，但應該講得更具體一點：掌握在你手上的那枝筆（鍵盤和滑鼠）。只要你肯寫，並養成日常習慣，一百萬字後，你的命運一定會比現在更好。我花了兩年半的時間才寫完一百萬字，也不算什麼厲害的天才，我相信你應該也可以。

# 2
## 寫作的槓桿

阿基米德說：「給我一個支點和一根長桿，我就可以撐起地球。」這是所謂的「槓桿原理」。我延伸槓桿原理的解釋，就是**「用最小力氣獲得最大報酬」**，你付出一個單位的力氣，換來五個單位的報酬，這樣的槓桿就是五倍。同樣做一件事、說一句話、寫一些字，若是槓桿運用得好，就可以事半功倍，以小博大，收穫大於付出很多很多倍，我想，這是許多聰明人一再追求的事吧？誰不想用最小力氣，花最少時間，去換得最大的報酬呢？

以寫作為例，毫無疑問也要利用槓桿原理，報酬可以從零到很大很大。就以最俗氣的「可賺多少錢」來說：

① 你隨手寫點東西，雖然沒發表出去，但實際上你在練習、釋放且整理思緒，不管怎麼說好處都是大於零的 —— 雖然沒賺到錢。
② 你寫出一個讀者問題的回答，你等於幫助了他，如果他願

意分享出去，你贏得口碑，對個人品牌加分。即使他沒有分享出去（多數情況是如此），你的報酬除了包含上述的1，你還留下了「一個問題的答案」，這些文字雖然在當下無法賺錢，但都是你的資產，若下一個人問你同樣的問題，直接複製貼上就可以，節省了再次回答的時間 —— 時間就是金錢，你賺到了時間！當你私下回答了一百個問題，那就開始有點搞頭了。

③ 既然你都寫了一個有建設性的答案，何不幫助更多人？你可以放到部落格上，只要有多於一個人看，都可以增加槓桿。一個人看完可能不會感恩，十個人看完可能會有一人留言說謝謝，你贏得了一個「好評」；一百個人看完，可能有五個人幫你分享出去，你贏得了**額外的曝光**；一千個人看完，可能會有二十個好評，外加二十個分享，額外曝光的槓桿變大；更有可能爆文後讓一萬人看到，其中有十個是廠商，裡面有一個寫信來談合作，帶來初始的財務報酬 —— 你就要開始賺錢啦！

在此先暫停一下，我作個小結，那就是：想靠寫作槓桿賺到錢，前提是有**公開發表**，才有機會被「願意給你錢的人」看到。在這個世界上，總會有人需要你的專業，想給你錢，但你們尚未找到彼此。你公開發表你的專業，就等同於主動先接近他們一步。

④ 部落格寫久了，看的人多了，你所寫的每一篇文章都會產生槓桿，多或少的差別而已。當你的總瀏覽量超過一百萬時，也許會讓某出版社看到，他們就會開始關注你，然後需要找新作者的時候，就寫信來認識你。

⑤ 還記得槓桿需要一個「支點」嗎？我認為出書就是那個支點，它是第三方和社會賦予你的專家認證。有了出書的經歷，你就得到了第一個支點，能讓寫作的槓桿持續增強。因為出書，你打破同溫層的牆壁；因為出書，你會受邀去各大媒體宣傳；因為出書，你跨界成為作家，拉開品牌的寬度，你有了一個穩固的支點，連講話都可以比較大聲；因為出書，你會賺到更多賺錢的機會，例如開設相關課程等。

如果你覺得你寫了很多，槓桿卻沒有等比的回饋，我認為你應該把焦點放在「如何出書」。因為你沒有支點，桿子再長也撐不起什麼，所以先找到可以撐起你專業的證明，讓桿子（品牌）提升一級。這裡說的出書不是自費出版，第一本書不要自費出版，這個支點要「第三方」給你，才有社會認證。出版第一本書之後，我認為才是個人品牌大戰的開始，在那之前，都只是業餘選手。

還有一個重點。上述的五點是累計、環環相扣的，也就是（請

對照一下）：一是你應該多做筆記，把想法記錄下來，讓自己思緒清晰；二是你要用心回答網友問題，當成是你在寫書的內容；三是把自己定位成某領域的專家，發表有價值、有深度的文章，品質好到可以集結成書的程度。

我知道很多人是上班族，暫時沒考慮發展個人品牌或創業。不過你仍有一條路可走，我們來看看這條路怎麼走？會通往哪裡？

A　找工作需要寫履歷，在眾多「我出生於一個開明的家庭，有爸爸媽媽和一個妹妹……」公式化的履歷之中，寫作能力可以讓你脫穎而出，贏得一份工作，這份工作的薪水就是寫作槓桿的報酬。當然，寫履歷不是作文比賽，無法憑空亂掰，好的履歷是伴隨著好的資歷、好的成就表現，再用好的文筆去發揮槓桿。

B　在職場待久了變成主管，主管的重要工作之一是招募新人。仔細想想，「招募新人」也有槓桿問題，月薪五萬的職缺可能招到具三萬產值、或三十萬產值的員工，相差了十倍。這可以靠寫作來槓桿嗎？當然也可以！那就是寫一篇好的徵才文。就像求職者會寫千篇一律、無聊透頂的履歷一樣，很多公司的徵才文也一樣乏味，不會引起真正人

才的興趣。你若是可以把公司的優勢、願景、福利寫得夠有趣、夠吸引人，可以找到真正的好人才。

C 當你變成高階主管、或是老闆本人，多年的豐功偉業、驚心動魄的故事、如何走過低谷再創高峰……生涯戰果說也說不完。這些經驗、這些智慧，不傳承下來好像太可惜！當有出版社來接洽，一時天雷勾動地火 —— 碰！你也可以出書了，瞬間完成上述的第五階段。讀者認識你這位產業專家後，若可以順勢開課，也就直接略過上述的一～四，一樣會發展出個人品牌，並利用個人品牌來變現，提升槓桿倍數。若是大老闆出書，讀者看了他的故事，對他的公司品牌更有感情，於是消費更多、更貴、更頻繁。這也是出書帶來的槓桿。

兩條路不管你怎麼走，到後來可能終將匯流合一：出書。這是最大、最快、也最持久的槓桿效應。

寫作的槓桿僅僅如此嗎？當然不只。我剛說了，寫作或出書會讓你突破同溫層，你會認識新的人，進入另一個新的槓桿：人際關係。這槓桿的威力不亞於寫作。寫作也會觸發思考槓桿，就是讓你變得更聰明，思想更靈活，心胸更開放，生活更快樂。結論是：寫作本身是一個很好的槓桿，可以得到很大倍數

的回報；更棒的是，它會打開其他槓桿的開關，當你的人生同時有多個槓桿在運作，別人前進是用跑的，**你是用飛的**。

# 3
## 如何發展自己的學說

我之前在台北的詠春拳師傅是 Alan Huang，他曾是外商的高階經理人，他的詠春拳是在美國洛杉磯學的，師傅是黃文學，師公是黃淳樑 —— 是詠春拳史上非常知名且重要的一位。黃淳樑是葉問的得意門生之一，幫助詠春拳在世界各地發光發熱，他也是李小龍的師兄兼教練，兩人之間有堅定的情感。關於黃淳樑的一生事蹟，網路上有很多報導可看。也就是說，葉問→ 黃淳樑 → 黃文學 →Alan Huang→ 我，我都戲稱自己是葉問的「第四代弟子」，只是符合這個資格的人全世界應該有幾百萬人吧？（包括小勞勃道尼）

假設我和另一個人同樣都會詠春拳，他不知道跟誰學來的，而我是葉問的第四代弟子，大眾看來，我比較厲害對吧？同理可證，如果你的論述是來自於一個偉大學說，或來自一部偉大的經典著作，馬上就可以加強讀者對你的信任，讓你的話**有憑有據**，而不是胡言亂語。

如何發展出自己的學說或教派，我認為最好的方式就是**師承**一個既有的學說，以它為底，再衍生出適合你的說法。也許我們可以說，所有偉大的學說都是這樣誕生的，偉大的創意也都是基於前人的智慧而來。

我觀察到幾本暢銷書正是如此。例如：《被討厭的勇氣》奠基於阿德勒心理學，《超譯尼采》《正是時候讀莊子》顧名思義。《從 0 到 1》是我的愛書之一，作者彼得·提爾（Peter Thiel）很多理念源自一位法國人類學家和哲學家勒內·古拉爾（Rene Girard），而古拉爾的學說源自於聖經的啟發。因此，我是彼得·提爾的信徒，我就是神的「第四代弟子」（聖經 → 古拉爾 → 提爾 → 我）── 邏輯上你可能認為這不是武術，但這正是重點，「學說」會因人、因時代而變的，就算師承同個來源，每位弟子的領悟、解釋和慧根不同，他們會各自發展出一套自己的流派。就好比李小龍師承葉問，後創立自己的截拳道，發展出自己的一套武術哲學。

我們從這一點去思考，若要從零開始建立一個學說，那我們的**根據**是什麼？最快的方法就是去找一個大家都知道（或不熟悉）的學說或理論，然後說你被它啟發（師承〇〇），初期在信任度上就會加分許多。其實這就是站在巨人的肩膀上，讓你快速起步，從這個地方開始，結合你既有的專業、生活發現和

個人風格去創造自己的學說。

當你想通這一點，你會開始重溫歷史，去研究歷史上許多偉大的思想家，包括孔子、孟子、莊子、老子等；還有國外知名的心理學家，例如佛洛伊德、榮格、卡耐基、馬斯洛等。還有其他領域的大師 —— 知名的經濟學家、物理學家、生物學家等，去搜刮一些專家學者的名字出來，然後研究他們的核心思想和學說，再以他們的學說為基底，結合你的專業，用今日的語言說出來。偉大的著作當然也可以，例如聖經、可蘭經、佛經、莎士比亞、金庸小說等。如果這些基石夠有名的話，大家就會信任你；如果沒名，但你覺得他們的學說很適合拿來大做文章，那也很好，反而競爭者比較少，新鮮感也比較高。結合或引用他人的理論，發展出自己的一套理論，再運用到教育、商業管理或生活上。

歷史是一座寶庫，有很多既有的學說、理論、學派、重要思想，你可以重新詮釋，用這個時代共同的語言以及近代廣為人知的案例，踩著前人的腳印，走出一條自己的路。像這樣子有憑有據，有案例、有專業、有個人特色，就是一個非常好的起點來發展自己的學說。成立你的理論框架，以及你的知識宇宙，重點不是你會不會、能不能，而是**你敢不敢**？

# 4

## 對話式寫作的三大好處
## 和五大技巧

「有效的寫作是與讀者的對話。」

──唐納德・莫瑞（Donald Murray，普立茲獎社論寫作獎得主）

很多人問：「文筆不好也適合寫作嗎？」我的回答是，如果你會說話，你就會寫作，先不要去考慮什麼「文筆」「修辭功力」，就把你想說的話寫下來，就產生一篇文章了。這樣做不但簡單輕鬆，而且效果說不定還比較好，因為文字和說話的重點一致，都是要傳遞訊息給別人，跟外界對話。我歸納三個「對話式寫作」（conversational writing）的好處，以及實作的五個技巧，幫助你更有效的和讀者溝通。

我們如何練習「對話式寫作」呢？

# 一、提出問題

「你昨天早餐吃了什麼？」「你相信星座嗎？」「你覺得文筆不好也能寫作嗎？」在讀者看到這些問題的這瞬間，注意力就被你抓住了，快速吸引你的讀者，模擬你們對話的感覺。你問他們問題，表示你很關心他們，想聽聽他們的意見，對他們感到好奇，讓他們覺得「球丟過來了」，清楚表示你是在和讀者交談，而不只是單方面的講話。《銷售的科學》作者大衛・霍菲爾德（David Hoffeld）稱之為「去詳細解釋的本能」（instinctive elaboration）。意思是，當一個問題被提出時，它會接管對方大腦的思考過程，當大腦在思考一個問題的答案時，就不會去考慮其他任何事情，也因此「問題」會瞬間搶走讀者的注意力。

好的問題可當起手式，讓讀者第一秒就進入狀況；或放在中間，一直保持「對話」的感覺；或放在結尾，懸而未決，留給讀者自己思考。

# 二、使用短句

句子越長，讀者的大腦就承載越多負擔，直到看完所有的單詞

湊在一起是什麼意思，才能去試著理解、消化。長句、長段落，若再加上複雜的詞彙，讀者就需要很多腦力勞動，甚至出現那種「每個字我都懂，但放在一起我看不懂」的窘境。簡言之，如果一個句子太長，讀者會把它理解為「雜亂無章」。很多人說自己有閱讀障礙，其實很多時候都是因為句子太長，就像是你聽一個人說話連珠炮似的，唏哩呼嚕講了一大堆，你聽完以後還是霧煞煞。

多用短句，但也不能全部都用短句，好的文章會適時的加入中、長句，再用短句呈現力量，做重點的總結。

## 三、用「你」和「我們」

以前有個綜藝節目，玩的遊戲是演一齣短劇不能講「你」「我」「他」，若不小心講到，就要被懲罰。這表示我們在講話時，很難避免講到你、我、他。好的文章也要把「人稱」放進來，最重要的人稱就是「你」，也就是讀者。雖然在用字上，我們不一定要寫出「你」，例如：「你」怎樣、「你」應該、「你」必須聽我的……但重點在於，文章的主軸是要寫給某位讀者看的，要清楚呈現對讀者的關心。好的文章是對「某個人」說話，在創作時心中有「你」（讀者），可以確保讓看的人也知

道。接著，如果某些地方可以用「我們」代替「我」，也會營造出作者與讀者「同舟共濟」的感覺，等於把讀者拉過來和你站在一起。就算他們不一定認同你，但因為你寫「我們」，他們就被迫、默許的過來了。

## 四、避免術語

真正的高手會化繁為簡。如果對方講的話你聽不懂，有可能對方其實自己也沒有搞懂。當你們對談時，你如果不懂，你可以一直追問下去，但當你讀文章時，只能自己從文字中嘗試去理解，所以當你看不懂某些詞彙，只能自己去 Google，幸運的話，可能會搜到其他高手的文章，然後你才看懂。

身為知識分子，特別是那些剛入門的半調子，有些人很喜歡賣弄知識，最方便的一招就是講「業界術語」（jargon），有人稱之「行話」，等於「內行人講的話」。你若聽不懂，你就是「外行人」。若文章出現很多術語，稱得上是一種知識的詛咒。某些專家可能不是故意的，只是他們對於外行人缺乏同理心。所以我們要謹記，如果只是你單方面的賣弄學問，這不是一種好的溝通或對話方式。因為觀眾很可能已經被你催眠了……

## 五、大聲唸出來

大聲唸出自己的作品，不必等到作品全部完成，就可以寫一句、唸一句。這樣做可以幫助你的對話式寫作，進而提升文章水準。如果旁邊有人，大聲朗讀很奇怪，那就在心中默唸，讓文章聽起來很自然、很順口、有意義。很多人在重要演講前，也會先練習講一遍；同樣意思，你的文章也需要「講一遍」，唸出來，自己聽聽看，就是最有效率的方式。更重要的，文章要聽起來像你，像你會說的話，像你會寫的字，有你的個性、立場和獨有口吻。

寫得順就唸得順，唸得順就寫得順，讀者也看得順。「讀」和「寫」本為一體，兩者相輔相成。

做到以上五點的好處是：

## 一、大家都輕鬆

寫的人輕鬆，看的人也輕鬆。當對方聽不懂你在講什麼，你會用最簡單的方式形容給他聽，舉一些例子等，直到對方聽懂為止，這是很自然的現象。講話只會用到簡單的句子和詞彙，你

把這些「講話內容」寫下來，讀者就應該看得懂，達成雙向溝通。

## 二、容易再製

當你寫了一篇文章，等於有一份「文字稿」，把它唸出來就可以當一集 Podcast，或是一支影片的腳本。不從「文字」出發，你也可以從任何管道出發，例如在 Podcast 原創內容，把音檔做文字辨識的轉換，潤稿後變成文章。一個經驗豐富的創作者，會把同一個概念，用最有效率的方式，轉變成不同形式的呈現，觸及不同地方的觀眾。文字為底，其實不管你怎麼轉，裡面一定都會有文字的份。

## 三、有靈魂

AI 人工智慧日益強大，只要把關鍵字丟給 AI，它就會自動生成一篇文章。但因為機器人缺乏人生經驗，沒有動人的故事，也不熟悉你和朋友間的人際關係，因此它無法和你的讀者「對話」，最多就是發布新聞，解釋觀念，永遠寫不出量身訂做、鼓舞人心、撼動靈魂的作品。但人類可以。

我認為「對話式寫作」是很自然的一種寫作方式，人人都會，而且可以做得很好，且讓**我們**一起努力寫下去。

# 5
## 「軟硬相連」的創作技巧

「創業」是一個專業主題，比較**硬**的主題。

「電影」是一個生活主題，比較**軟**的主題。

我前面說過，文章不能全寫業界術語，否則看懂的人可能不多。如果你是一位創業家，會自然而然的寫出比較硬的文章，但偶爾你需要調劑一下，寫些軟的東西，把硬的連結軟的，展露一點你的「人性」。

某個內容農場網站，當你打上搜尋關鍵字「創業電影」時，排名第一的是〈二十五部經典勵志創業電影推薦〉──你發現什麼了嗎？你也許來自創業圈，也許來自電影圈，又或者是電影相關的創業家，這些專業人士來寫這個主題都再適合不過，但現實中往往不是這些人，而是「兩邊都不是」的人在寫。我覺得「軟硬相連」的市場很大，怎麼會由「兩邊都不是」的人來收割流量呢？

上過我的課的人當中有很多專業人士，包括醫生、律師、會計師、保險達人、健身教練等，他們常常專業文寫得很棒，但流量不高，我給他們的建議就是「放下身段」，寫點軟性題材。並不會因為這樣就喪失你的專業形象，反而會讓你成為一個更全面、更有親近感的專家。我知道建立權威性很重要，但那往往也會帶來距離感，反而是那些很親民的創作者，會讓觀眾慢慢去欣賞他的專業——就算他的專業程度有限。

一直講述專業，沒錯，可以比較快速建立起公信力，但過程越快也越不穩固，所以請一定要懂得「軟硬兼施」的創作方式。以下是我大致區分「硬」和「軟」原則。

| 硬 | 軟 |
|---|---|
| 你的專業 | 你的興趣 |
| 你的工作 | 你的生活 |
| 做起來費力 | 做起來輕鬆 |
| output | input |
| 看懂的人少 | 看懂的人多 |
| 小眾 | 大眾 |
| 行話 | 通俗 |

比例方面，我認為至少要 5：1，意即五篇文章（或影片／Podcast）中要有一篇軟性話題。時間一久，你的作品多了，建立起權威感了，就可以慢慢加重軟性話題的比例。而且，到最後，你所寫的硬東西都應該要收費，需要浮出水面洗一波流量的時候，才再放一點硬的內容出來。

從另一個角度看，就算你全部寫軟的內容，也就是下面金字塔中的通俗區，也不是不會成功。放眼望去，有多高比例的創作者是真正具專業的？這很容易想通，真正專業的人會花比較少時間在創作上，其心力放在專業上，就算肯投入時間創作，呈現結果也不一定比專業的創作者來得好。

馬斯洛需求五層次理論（Maslow's hierarchy of needs）

如果你和我一樣，每天都會看部落格或 YouTube，你可能不同意我上面說的，你會認為有些 YouTuber 很專業，但我覺得他們的專業在於「如何收集、整理、包裝、呈現」某領域的專業，而非日日夜夜投入在其專業領域上的那種專業。這樣說，你可以同意嗎？

就像「由儉入奢易，由奢入儉難」，讓我來挑戰大家一個問題：你覺得「由通俗入專業難」？還是「由專業入通俗難」？

大部分人可能會說：當然是由通俗入專業難啊！邏輯上，醫生或律師放低身段去寫吃喝玩樂，會比通俗的創作者去寫專業知識來得簡單──但真的是這樣嗎？我請大家重想一次。

我的答案剛好相反。根據我的觀察，要那些醫生、律師去寫吃喝玩樂很困難，反觀一個「專業的創作者」，因為他有包裝的能力，他的大部分影片可能都在搞笑，但突然有一部影片認真起來，整理、重述一些專業知識，他的觀眾心裡就會想，他其實還滿專業的嘛……

反觀那些專業人士，若忽然寫了一篇餐廳食記，他們的觀眾會感到很突兀。怎麼專業人士還去吃路邊攤，是因為窮嗎？所以你說，哪個難？

問題出在哪裡？出在 **TA 是誰**。當你的 TA 是一般大眾，你偶有專業表現，他們就會覺得你很了不起，每一次秀專業都是加分。另一方面，若你一開始就鎖定高水準的 TA，不但容易文人相輕，不願意分享你的東西，而且當你開始出現軟性內容，他們就會覺得你**不行**了，你**降維**了，每次降維都是扣分。這是不是很荒謬？

所以解法是什麼？一開始就必須「軟硬兼施」，有硬的有軟的，讓觀眾摸不著頭緒，不知道你到底該如何歸類。我相信，若你無法清楚**歸類**某個人品牌，它就是最成功的！

# 6

## 「創作者 4C」
## 與提高成功率

「創作者事業」（Creator's Business）顧名思義，就是利用創作來聚眾、贏得信任、販賣給目標族群，賺錢維生。最好的行銷就是產品本身。好的產品自己會說話，但它怎麼說話？也就是產品對 TA 造成了什麼改變；或者更直接一點，讓 TA 提供見證。

對於老師／教練／顧問來說，上課的最終目的就是教會學生，如果要我用單一指標去評估某堂課好不好，我會用「學生上完後是否造成改變」來看 —— 這是很難、但最重要的指標。只不過，「學生上完後是否造成改變」其中有很多變數，有些看似跟老師無關，例如學生們上完就耍廢偷懶，不去實作等等。但有些責任是可控的，所以我們來看看，如果要讓學生（讀者）成功，有哪些變數可以調整？又該如何提高他們的成功率？

不管實體或線上課程，都可以利用下面這個 4C 框架來提高讀者的成功率。意思是你身為一名創作者，需要做好以下四個部分，才有機會發展出一番事業維生。你不但要持續產出內容，你還要常常上課進修，你需要一個或數個教練在旁監督進度並回答你的問題，最後你還需要一個社群，裡面有一起成長的同伴，讓你有動力走得比較遠。

## 一、內容（Content）

多寫一點關於你的專業知識，吸引學生們來上課。然而，有些人踏上第一步，以為只要不斷的創造內容就可以成功，事實上若沒有另外三個 C，機率是很小的。在學生未開竅之前，沒來報名，你也不必太勉強。或許他們只是三分鐘熱度，或許他們識人不清，或許僅是緣分未到。當你什麼也無法對他們做時，就先集中在後面三點就好。

## 二、課程（Course）

創作者事業生涯的水比你想像更深，你或多或少都要去外面上課，接觸多元的人事物和觀念，看看世界有多大，突破你的思

維範疇，才能提升創作等級。課程，應該占了60%以上的成功要素。一個創作者若有慧根，原本就具有相當的程度（例如粉絲基礎、圖像影音技能、行銷知識、上進心、執行力），上完課之後可能突飛猛進，得到許多啟發和作法。

你的課程要與時俱進、不斷優化，每一堂課上完，都要做AAR（After Action Review），也就是自我評估哪裡可以做得更好。由於學生的程度不一，你的課程如何涵蓋所有學生的程度？我的原則是「以程度最好的那位來設計課程」「要讓程度最好的那位學到東西」，這樣的作法可以涵蓋**最大範圍**的學生。不要讓程度好的學生覺得付錢卻沒學到什麼，程度不好的學生也許部分課程聽不懂，但課後發問、多上幾次可以補救得起來。

由於台灣學生從小習慣被填鴨，會比較傾向「跟著老師做」，因此要提高學生的成功率，講理論什麼的都沒用，儘量要以具體可行、Step-by-Step、進度堆疊的方式去教，課程一定要教先做一、再做二、然後三……讓學生清楚的知道下一步要做什麼，才能引導新手上路。如果學生大多是老手的話，你就要有一個長遠的計畫，譬如列舉出一百樣你可以做的功課，其中一定會有他們「沒想過可以這樣做」的課後回家作業。

## 三、教練（Coach）

上完課後，很多學生會直接放棄，不得不承認有些人就是「上課控」「學習控」，卻不是實踐家。縱使他們心中想改變，日常行為還是一再重蹈覆轍，這些人也就只能停留在第二關了。這些人的付出是零，零乘以多少都還是零，你想幫也幫不了，教也是白費力氣。

因為開始實作時一定會遇到許多問題，有些問題泛大眾化，你幾乎可用制式回答，但有些問題就是個人化，你的解答也必須個人化。也就是說，顧問、教練要針對該學員的主題、個性、情境、創作形式去量身訂做解答，助學員跨越障礙。當學生擁有基本的知識，跟著課程內容實作，有問題時問教練，然後繼續走，失去方向也可以問。如果教練有空，時不時可以關心一下學生的進度，以達督促之作用，這就是一個健康成長的關係。

學生有沒有可能超車，比教練的程度還好？當然有可能啊，很多徒弟的武功都比師父好，最大的原因是師父會老，體力、精力、執行力不再。當學生超過師父後，就要尋找下一位師父，但這是很棒的結果，表示你教的有效啊！如果學生也認同是你的功勞，那就是一個不錯的使用者見證了。

## 四、社群（Community）

有誰可以督促你也可以指導你？那就是同伴了。你應該要多認識「同行」，有些同行會變成同伴，當你們結伴而行，三人行必有我師焉，相互勉勵學習，激勵打氣。有社群的創作者真的會撐比較久，也許為了面子，也許覺得別人都可以，為何我不行？當你能撐得比別人久，機會就比別人多。

**無效的刺激＝老師和教練畫的大餅**
**有效的刺激＝比你笨的人還比你賺**

身為一個講師，除了課程和教練，你應該幫學員打造一個社群，上完課後把他們都丟進去，讓他們自成一個小圈圈，搧風點火讓他們開始互動。若某天社群會員能主動互動，你就可以抽身 —— 但不是全身而退，而是退居幕後，需要的時候再現身就好。我認為社群是一個「長期支撐系統」（long-term support system），老師帶入門之後，再由同伴們接手。

想要持續在講師的路上精進，你唯一重要的指標就是「**讓更多學生成功**」，而以上 4C 都是你可以努力的方向。

# 7

## 七個創作者事業的收入模式解析

創作者經濟越來越夯。我認為不論過去、現在或未來，個人品牌的創作者事業永不過時，隨時進場都可以。當一個人藉由創作聚集觀眾，增加知名度，發展出個人品牌後，商業機會也會隨之而來。以下我列出七種創作者的商業模式，然後加上我對該模式的看法：

### 一、廣告

這是最入門的商業模式。只要你有網站，上面有內容，就可以去申請 Google 廣告聯播網。開通你的 Adsense 帳號後，就可以在部落格、網站或 YouTube 上賺取廣告分潤，越多的曝光、點擊、影片露出，就有越多的分潤。所謂的「流量變現」主要是靠 Google，不過有些色情、賭博、暴力等內容，會無法通過 Google 的審查，你需要另外跟產業專屬的聯播網合作，它們一

樣會按曝光和點擊分潤，多半都是 CPS（Cost Per Sale），也就是有成交才有分潤，等同「聯盟行銷」。

如果你發行一本雜誌，想去找潛在的廣告主，對方第一個問題一定是「你的雜誌有多少人會看到」？但連《蘋果日報》都撐不下去了，所以一個媒體若要靠廣告收入會面臨兩大困難：第一、如何將收視觀眾擴大？第二、如何維繫「夠大」。兩者都很難做到。你知道網站、YT 頻道、Podcast 的內容要盡可能大眾化，但大眾化其實沒那麼簡單。對內，你深耕某個領域那麼久，要放下身段去寫些吃喝玩樂、蹭時事，甚至譁眾取寵，多數專業人士是過不了自己那關的。對外，要大量、穩定的產出，受眾要廣，運算法要投其所好，還得要有觀眾緣，這其實也是不大容易。不論是內在或外在，都有必須跨得過的門檻。

## 二、聯盟行銷

對廠商較有利的合作方式，是有成交才分潤給你，但前提是要這東西本身好賣，例如五星級飯店的住宿券，你可以輕鬆剝一層皮下來吃。如果這東西不好賣，廠商給你再高的分潤也不該接，因為你花力氣、消耗信用去販賣，結果是損己三分，說不定還把你的招牌砸了。來歷不明的廠商、粗製濫造的產品、油

嘴滑舌的講師……這些人找你做聯盟行銷，請三思而後行。做聯盟行銷包括三大重點：第一、你真心使用過並且喜歡；第二、你的粉絲有其需求；第三、廠商值得信賴與長期合作。唯有三者兼具，你才應該考慮。

## 三、訂閱制

去創作訂閱者喜歡的內容，每個月付你錢。你可以自己選擇平台，它們會抽成，但也會提供你所需的技術和功能。在國外有Patreon（VIP會員制平台）、Substack（付費電子報平台）、OnlyFans（情色平台）。國內則有 PressPlay、方格子。你也可以做個人訂閱，例如已停刊的《科技島讀》和我的《完全訂閱制》。

一般來說，要嘗試收費訂閱，創作者必須有基本的鐵粉群，雖然凱文·凱利說要一千鐵粉，但我覺得有五百人即可開始嘗試。跟會員收費，困難度算是中上的，因為：第一、你必須說服他們你的內容值得付費，不然網路上免費的內容都看不完了；第二，你會有固定產出的壓力，為保持品質的穩定和上升，你需要全心投入，也就是全職來做這件事。

比較尷尬的是有「不符經濟效益」的人付費，你對這些少數人有責任，不能隨時喊停，但又無法抽身去做別的事。這裡的「經濟效益」是什麼意思呢？端看你的年收目標是多少。假設年收目標是五十萬，你的年費是 1,000 元，那你的訂閱人數就要 500,000 ／ 1,000 ＝ 500 人，所以在此有三個變數可以控制及決定，分別是：**年收目標、定價和訂閱人數**。定價方面，我不建議訂低於一年 1,000 元，付費內容「在認知上」應該要**有價值**，太便宜反而會達不到這個效果。

## 四、實體課程

當你累積到一定數量的群眾，另外一個快速變現的方式是實體課程。假設你已經專業連發了一段時間，某天宣布要辦一個小型的工作坊，定價一、兩千元，我相信一定會有人來的（先排除疫情影響）。在現場，你表現得精彩，讓他們覺得不枉此行，有學到東西、物超所值的感覺，就會開始有一些真實口碑出現，表面上或暗地裡都能幫助你。你繼續在網路上分享乾貨，固定開班，如果順利、班班都有八成滿的話，表示你可以漲價，招生不會受影響。

我的實體課程已經開了十幾年，分享幾個重點經驗：

- 定價越高，來的學生素質越高。這在〈實體課程的定價策略〉有談到，學生素質越高，你教起來越愉快，他們越能學以致用，也逼迫你變成更好的教學者。所以定價很重要，定期漲價也很重要，它等於是讓學員素質升級，學習成果升級，你自己的能力和知識也升級。
- 不要存有只賣一次的心理。鐵粉貴精不貴多，這些付費上課的人，只要你表現及格（最好是超乎預期），他們就有可能會繼續付費。這就是品牌的力量，買過 iPhone 4 的人可以再買 iPhone 8，然後 iPhone 12；除此之外，他們還會買 iPad, Apple Watch, Airpods 等。你若把自己當作品牌，就要把每個客戶都當成終身客戶，發掘他們的終身價值。
- 實體課程可以很貴，但線上課程還不行。我們把實體課程的定價當做「錨定」，在發展線上課程時，因為便宜很多，可以吸引更多人購買。理論上來說，若你有多樣的產品線，實體課程的定價要最高，因為你提供的是「親自現身」「粉絲見面會」「同學互相認識」的體驗，這種體驗是課程內容以外最值錢的附加價值。

## 五、線上課程

線上課程可以規模化，會產生不小的收益。我認為線上課程是

最簡單的變現方法，任何人都擁有某項專業可以教導別人，在製作上若不要求影片品質，只要做份簡報，加上你自己在背景講話，無須露臉就可以變成一個產品來賣，而且它是做一次工就可以一直賣的被動收入。想像，你一年做一個線上課程，花一個月集中心力來做，十年你就有十個線上課程，就算每一個線上課程只有五十人買，也會有五百個付費學員。以我的親身經歷，買過 A 課程的人很可能會買 B，又去買 C，就跟買過 iPhone 會買 iPad 一樣。更棒的是，當你有十個線上課程同時在賣，在大家眼中你無疑是個專家。如果你又出書、又四處演講、又不時在社群網站分享乾貨、又常被媒體採訪……你就會越來越紅。當你越來越紅，你的單一線上課程就不會只有五十個人買，只要多一個人買，就多一個客人的終身價值。越多的線上課程，也等於你有越多的「漏斗入口」，不管客人從哪個入口進來，都會進入你的知識宇宙（＝你的商業帝國）。

線上課程並不需要很長的時數，可先從「○○○的十堂課」開始，在過程中優化你的課程品質，然後慢慢的提高售價。對內來說，大量研發課程是你個人成長最快的方式，就算銷售成績不佳，對你的知識整理、表達能力、影音製作功力也會有幫助。

## 六、賣實體商品或服務

聚集群眾之後可以做很多事，其中「賣東西」最為簡單、暴力，馬上將粉絲變現。很多人都是從揪團購開始，然後慢慢擴大，因為你有了買家資料庫，便可以開始販賣自己的商品，或其他利潤比較高的商品。賣服務也是一樣，如果你提供架站服務、設計服務、算命服務，你平常就要多分享這方面的知識，讓大家信服於你，有需要時第一個想到你。

另外一種賺比較大的是群眾募資。創作者可以自創一個商品，以自己的名字背書，放上群募平台。基本上，這只是轉型電商的第一波預購而已，但由於創作者本身自帶流量，所以這第一步會走得比較容易。

## 七、給小費／打賞

這是直播主的最愛，但我們沒身材可以露怎麼辦？還是可以利用像 Twitch（遊戲影音串流平台）、Clubhouse、Twitter Tip Jar、Buy Me a Coffee 等獲取小額贊助，這些出自於粉絲的慷慨之心，無傷大雅。不過，我自己覺得這項收入成不了氣候，最多只是零用錢而已，不要過度期待。

以上七種是我認為目前創作者事業最好的商業模式。當然，你不能只擁有一種，最起碼要有三～四種以上來混搭，才能建立起你的創作者商業帝國。

# 8

## 創作者事業常見的
## 八個錯誤

以商業的思維來看，TA 是你在創作初期，也就是成立部落格前，甚至每一次下筆前都應該考慮的事：你寫的東西要給誰看？你的產品要賣給誰？很多人走上創作者事業，但為什麼有些人持續創作，卻遲遲沒有進步或看不見成果？本篇文章盤點八個常見的誤解，也許你避開它們，就會找到生財之道了。

### 一、TA 沒有錢

事業要賺錢，你的 TA 要有錢。各位猜猜看，最不願意付錢買知識的 TA 是那些人？不是沒賺錢的小學生喔，因為他們爸媽會付錢，答案是大學生。他們就算沒有背學貸，也不願意把錢花在自我投資上。很多是因為他們還在跟家裡拿錢，就算有錢，也是玩樂優先，畢竟他們認為上大學就是在學習啦！幹嘛還需要額外付錢。如果你的 TA 是大學生，你賣的又是知識內

容、學習相關的，勸你早點轉型，因為就算他們有某些專業上的需求，他們也很擅長在網路上找免費資源。錢要留給聚餐、夜唱、跑趴、玩遊戲上，不會給你。

## 二、TA 不覺得自己有問題

假設你的 TA 是大學畢業生，你的產品是《如何找到一份夢幻的工作》或《職場求生指南》，你覺得會大賣嗎？答案是不太會。因為大學畢業生根本還沒進到職場，不知道哪裡有問題，或自己會面臨什麼問題？在你的 TA 的心裡，根本不覺得自己有問題，嚴重到必須付費解決，要等到他們至少有了幾年的工作經驗，換過幾份工作，在職場上受過氣、遭受各種打擊，他們才會看見問題，才有可能考慮付費解決。

## 三、沒有 TA 的聯絡方式

多數的創作者並不知道有誰在看／聽作品，所以如果想聯絡你的 TA —— 很難。如果你有 FB，雖然可以一個一個私訊，但他們很可能不會看或沒看見，因為你們不一定是 FB 好友。假設你每天創作，有一天某篇中了，忽然之間湧入大量流量，但

他們看完就走了，如此一來，如何維繫創作者事業？比較正確的作法是，先做好行銷漏斗的流程，當某天你的創作帶來龐大人氣，可以把這些虛華的指標，轉成更實際的 Email 名單（＝會員名單），累積流量和觀眾的同時，也在累積真正有商業價值的會員名單。作家、廚師、藝人、脫口秀表演者也一樣，都是創作者，如果你有觀眾的連絡方式，行銷的成本就可以持續降低。

## 四、太早轉型去做新的東西

這是創作者很容易犯的錯誤，假設我寫了某一類文章很多人看，我去寫另一類文章，理所當然的也希望會有很多人看，這哪裡不對？──錯了！該加速的時候，你卻踩了剎車。正確的作法是，應該繼續寫同類型的文章，先把一件事情做到最好，因為它有用，就加碼做，從六十分到七十分再到九十分，把有效的東西做好做滿，再去想下一件事。這好比我們找了好久，終於找到藏寶的房間，結果又放棄這裡，去下一個地方尋寶；你應該做的是把這間的寶藏搜刮完畢，才去做下一件事，不然你只是在表層來來回回，沒有一處是深度的探索。

## 五、三分鐘熱度

這也是創作者的常見問題，一想到什麼好點子，就忍不住在FB上宣告，但過幾天就忘了，被另一個新點子取代。有些人行動力很強，一想到可能就馬上去做，奮力衝一段時間，卻是三分鐘熱度而已。當你想到一個好點子時，先擺在心裡三天以上，把它想透徹一點。你應該有一個檢查表，思考做這件事的目的是什麼？我可以撐多久？要如何賺錢？如何幫助我成長？要花很多時間嗎？TA 有錢嗎？假設你列了十個條件，冷靜之後再去看這個點子符合幾項，我覺得至少要符合八項才值得去做。對創業家來說，點子真的太多了，問題是哪些值得做？三分鐘熱度也是在表層來來回回而已，浪費時間。

## 六、沒有工作的優先順序

這點和上述很類似。很多人分不清輕重緩急，我們都知道要專注在最重要的事情上，但現實中卻很難達成。我也是這樣打混了幾年，缺乏一個工作的重心，直到終於找到那件最重要的工作，就是《完全訂閱制》，每天逼自己優先完成，才去做其他的事。我們要檢視所有的工作項目，排出一個優先順序，然後專注的做下去。

## 七、太早嘗試變現

創作 → 聚眾 → 情感連結 → 建立信任 → 銷售，這是創作者事業的順序，循序漸進，請不要跳過或越級。沒錯，有些人看到你的創作就直接買了，但別把這想成「常態」，而不去經營中間的過程。真正的常態是「因信任而買」，你的創作只是一個入口，讓他們認識你，讓你有機會去**經營彼此的關係**。若太急著想要從他們身上撈錢，反而破壞這段信任關係。你該有的態度是繼續幫助他們，嘗試建立更多信任，並記得，多數人不會回報是很正常的，但針對那些信任你的客戶，要給他們更多、更好的幫助，那是他們應得的。

## 八、自我行銷不夠

創作者往往自命清高，不願放下身段去自我行銷；商人恰恰相反，為了謀生而身段柔軟，逮到機會就行銷自家商品。創作者事業是兩者性格的融合，不要埋頭苦寫，偶爾也要浮上水面，掀起一股波瀾，但是，也要保持自身獨特的個性。「產品／內容」和「行銷」的比例分配要適時調整，第一年以前者為重，隨著作品量的增加，就要慢慢的加重行銷比。很多時候不是你的東西不夠好，而是你的能見度不夠，「能見度不夠」「沒人

賞識」這些問題並不是他人的責任，是你自己可以掌控的。

撇除以上八點，其實還有一個最大的錯誤，那就是「停止創作」。對！很多人說停就停，不覺得這是最大的錯誤嗎？我一再強調一件事，你的作品就是你的數位資產，縱使現在看不到這些資產的變現實力，但是放在倉庫裡，待有一天你終於紅了，你可以用更少的努力（因為你都寫過了），創造更高的報酬（因為作品的變現率提高了），那不正是 "Work Less, Make More." 嗎？

# 9

## 該不該日更呢

多年前我教「部落客也能賺大錢」實體課程時，我設定了三個關卡。第一關的魔王是「每日更新」，我認為入門者要先衝文章數量，因為 Google 喜歡頻繁、固定更新的網站，讀者也會養成固定的收看習慣。隨著網路上好內容越來越多，Google 也一再調整 SEO 運算法，「文章數量」和「更新頻率」的權重慢慢下降，Google 越來越在乎「文章品質」，內容夠好的文章才有 SEO 能見度。也因此許多網路專家說，其實我們不需要日更，每天寫一些不知所云的垃圾廢文，還不如集中精力寫出一篇驚天動地的優質作品，別讓「日更」變成一個包袱，因為在網路上，只有最好的才會被看見，有沒有日更，不是你成名的關鍵因素 —— 乍聽之下，是有道理的。

我從一九九七年開始日更，加上自二〇一九年起，我的每日電子報《完全訂閱制》開始收費，所以我想我有資格來談談日更這件事。我們先來看一個小故事，是來自一本書《開啟創作自信之旅》（*Art & Fear*）：

有位陶藝老師在開學時把全班分成兩組，所有在教室左邊的人，會根據他們的創作「數量」來評分；右邊的人則完全根據作品「質量」來評分。評分方式很簡單，學期末時，他會帶磅秤來秤「數量」組的作品，這組同學把所有作品放到秤上，越多作品越重就越高分。「質量」組的同學們則不需要秤重，只需要嘗試做出一個完美的陶器，作品越棒，分數就越高。

結果，最好的作品是來自「數量」組，原因是他們大量製作，並從錯誤中學習；「質量」組卻坐在那裡思考、推理，最終除了浮誇的理論和一堆做壞的陶土外，他們沒有多少東西可以展示。

無論是陶藝、攝影、健身、還是寫作，大量實作才是王道。這個故事說明了只要你去做某件事，你會越做越好。如果我們想要寫出最棒的作品，最好的學習來自於實作，而不是過度思考、用想像的，等待靈感的降臨。**努力的姿勢再怎麼笨拙，也比華麗的空想值得尊敬。**繆斯女神不會平白無故的出現，唯一召喚她出現的方法就是大量的寫。

日更的初期你可能不知道要寫什麼，所以在別人眼中可能都是一些垃圾廢文。沒有人一開始什麼都會，所以初期作品爛是正常的，但慢慢的，正因為這些垃圾，質感會上升，某天就會從

垃圾中提煉出黃金。我當初開始寫日記時，只是心情的抒發，沒有想要寫給誰看；漸漸的，我想要變化，所以把好的部分化成可公開的文字，發布在部落格上。我心中的那些垃圾被倒出來，我為了公開發表，把這些垃圾美化了一下，轉化成一篇「可以看的垃圾」，然後隨著經驗累積、文字技巧增進、讀者反饋，從「可以看的垃圾」升級成「可以看的文章」，再到「很好看的文章」，再到「可以收費的文章」。我想說的是，想要寫出偉大的作品，前提是你寫過很多平庸的作品，而且在此之前，你一定還寫過很多垃圾作品。然而，最一開始，你得動筆寫。

量變產生質變（Quantity leads to quality.），**從一竅不通到登峰造極的祕密就是大量練習**。你越關注數量，你就會變得越好，因為每次你做一件事情的時候，都可以去想下一次如何做得更好。想像你在爬山，我們都很想快點爬到山頂，但除非你有直升機，不然每個人都和你一樣慢慢的爬。如果你在起點仰望山頂，可能會覺得路途遙遠而放棄；如果你在半山腰，可能會懷疑自己為什麼爬了那麼久還沒到？根據我（經驗不多）的爬山經驗，其實不用想太多，一步一步的前進，調整好呼吸，適時的休息，補充飲食，總有一天會攻頂的。

而且如果你才剛開始，沒有多少人會關注你，你可以承受在一

個小舞台上搞砸的挫折感。幾年前碧昂絲（Beyoncé）在舞台上摔倒，雖然很糗，被很多人笑，但如果她因為這件事而停止工作，大家就會一直談論這件事，對她的印象也停留在此。所以她繼續努力創作新作品，沒有停下腳步，還變得更紅。文字工作者也一樣，日更的過程中一定會聽到很多閒言閒語，特別是來自那些「完美主義者」，你要把這些挫折或失敗想成未來的回憶，當有一天你紅了，都可以拿出來說嘴。

我最近開始重訓，一週去兩、三次，慢慢的，我會增加重量，因為之前的重量已經變得太輕鬆。以前年輕時我可以舉非常重，但由於中間隔了二、三十年，我的「可負重量」要慢慢調回來。寫作跟重訓、健身、跑步一樣，相關肌肉需要時間先喚醒，再活化，然後經常使用它。如果這些肌肉很少用，它就不再靈活，無法保持顛峰狀態。日更就是確保你的「寫作肌群」有耐力和爆發力，藉由每天寫點什麼，來維持你的思考銳利、靈感充沛，你內建的「成長心態」會逼你找到正確的方式，一步一腳印的前進。

所以我們該不該日更呢？我的答案是「YES」，就我看來，日更百利而無一害。不是你想不想的問題，而是你做不做得到的問題。

# 10

## 創作者如何維持
## 長期穩定輸出

隨著台灣最大付費訂閱服務《科技島讀》於二○二一年停刊，很多人想知道我如何維持長期穩定輸出，以及如何面對創作過程中的各種壓力和低潮？

首先，創作者是靠**熱情**起跑。如果你對創作沒有熱情，就不會開始動筆（或畫圖、照相、拍片、錄 Podcast 等），你寧願把時間花在看電視、打電動或追劇。然而，經過一定時間的創作後，第一波的熱情釋放完畢，如果沒有得到社群或金錢的反饋，你創作的頻率就會下降，直到歸零為止。一陣子後，你的熱情又累積起來，又需要釋放，你就一再重複這個循環。所以你常聽到「我的部落格長草囉，最近要來認真寫」，會做這種公開宣示的人，表示他對寫作的欲望都是靠熱情在撐，一旦熱情耗盡，就停了，所以無法維持長期穩定輸出。而且由於創作期太短，讀者反饋太少，也不會遇到各種壓力或低潮，就不寫啦！告訴自己「反正我又不是靠這個維生」。

「熱情」是最基本的，另外兩個讓創作持續下去的動力是「專業」和「金錢回饋」。專業是為了吸引更多的社群注意力，很多人看、鼓勵、敲碗，你就越有動力寫給他們看，然後讀者的要求越來越高，你的專業也被迫成長，進入好的循環：**你越專業 → 越多人看 → 你更厲害 → 更多人看**。這裡說的專業，也包括吃喝玩樂、生活八卦等主題，不僅是硬專業而已。

金錢回饋也是另一個好循環：**你越賺錢 → 製作成本越高 → 作品越好看 → 越多人看**。大家可以想像，創作是一個舊式蓮蓬頭，左右各有一個水龍頭，一個控制冷水，一個控制熱水，把兩個都轉到最大，水量就最大。這兩個水龍頭就是「專業」和「金錢回饋」，當其中一個水龍頭弱了、壞了，蓮蓬頭還是會有水（作品）出來，但就沒那麼舒服了。你為了調節最舒服的水溫，要不是把弱的一邊加強，要不就把另一個也關了，也就是從此停止創作。

一般而言，專業和金錢回饋是相輔相成的。由於觀眾的要求也會隨之提高，你不是花錢組團隊，就是不理會觀眾要求，忍受一些讀者的酸言酸語。多數的創作者會選擇前者，一是利用資本來擴大自己的創作事業，二是因為創作者天生對事物比較敏感（也就是玻璃心），比較難忍受一些讀者的不滿，所以想維持一個「厲害的形象」，來減少負評，保護玻璃心。

以上是多數創作者無法維持長期穩定輸出的原因，但卻不是
《科技島讀》的問題。

我認為《科技島讀》停刊的問題在於「太為讀者而寫」──你
沒聽錯，作者太在乎讀者的需求了，創作方向完全和讀者要的
一致。等等！身為一個科技評論家，又擁有廣大的付費群眾，
難道不應該「為讀者而寫」嗎？當然，這是他的工作，問題正
出在他的熱情變成了工作，基本上就無法長期享受這件事。當
「熱情」「專業」「金錢回饋」的飛輪轉動了四年，但始終沒
有**為自己而寫**，對一個創作者來說，是一種不自由。人需要的
是自由，不可能永遠不自由，特別是對於敏感的創作者來說。

如果大家有寫過論文的經驗，一定有類似的狀況：不想寫論
文，但你仍想創作，結果跑去寫部落格文章，甚至去寫書；你
明明該寫論文的，卻把時間花在寫別的東西，結果書出了好幾
本，部落格或臉書貼文好勤奮，但論文就是沒什麼進度。這就
像我說的，論文是不自由的寫作，社群貼文才是自由的寫作，
當我們想寫作的時候，應該均衡發展，偶爾寫點論文（應該要
做的），偶爾寫點廢文（釋放創作慾）。**人有了自由，才有面
對不自由的忍受力。**若一個人長期處於不自由，就像一個橡皮
筋持續緊繃，遲早會出問題。

創作是一個非常吃腦的工作，這條橡皮筋你應該常常讓它鬆一下，保持它的最大彈性。如果你看一些文章談「如何面對創作壓力」「如何渡過低潮」，有些專家會建議你去跑步，去泡杯咖啡休息，去打電動或做一些無腦工作來解壓——這些全部都對，也應該要做，但對於某些創作者來說，因為我們的大腦從未休息，去跑步？反而激發更多創作靈感；泡咖啡？何不寫一篇咖啡和生產力的文章；打電動？乾脆來直播一下好了，還可以順便累積觀眾——我們自以為在休息，其實只是在醞釀下一波的創作。以上狀況我都經歷過，結果是自律神經失調，花了一年的時間才算復原。

以上問題的解法是什麼？我的解法是「**假裝順應**」。身為進階的創作者，既然無事不創作，那就創作吧！但把創作分成「工作」和「非工作」，如果工作是為別人而寫、為讀者而寫，那麼非工作就要為自己而寫，為寫而寫，為爽而寫啦！當我們可以把創作的目的區分開來，等於是順應創作的慾望。我知道很多人不想看「非工作」的文章，因為那不是你花錢想買的專業，但我要老實說，我是為了調節創作自由度，我也想為自己而寫，這才是一個健康的創作者心態，也是創作者事業可長可久的作法。

你可能會問，為自己所寫的那些生活經驗、風花雪月，可以選

擇不公開嗎——不！請你回顧第二段，所有寫出來的東西都需要一定的讀者回饋，否則不構成創作飛輪的轉動。最容易掉入的陷阱就是，你寫的專業文很多人看，所以你為了討好觀眾，強化了專業的部分，弱化了為自己而寫的部分。不過，在此還是要下幾句警語，平衡一下：往專業的方向走也很好，至少可以在一段期間內，賺到一定的名和利。

我的觀點總是非主流，你可能會覺得不合理：創作不應該為別人而寫嗎？沒錯，但巧妙之處在於不能全部、100％為別人而寫，因為那樣會失去創作者的角色，慢慢走向工具人的角色。比方說很多人聽過《科技島讀》，但不知道背後的那個人是誰。當我們說創作者要有靈魂，表示我們不應該走向可以被AI取代的寫手，就像我們看完一則新聞報導，會去在乎是誰寫的嗎？多半是不會。新聞對我們來說是用完即拋的消耗品，那知識呢？我想也差不多，不管任何媒體，多數的付費訂閱者只在乎你給他的知識，根本不在乎你這個人，我們身為創作者當然不樂見這種現象。一旦創作得過於**理性**，就會變得像機器人，所以我們要「盡力拉」，把觀眾從「只關心知識」，拉往「會關心作者」這一頭。這很難，非常難，要用時間和耐心跟他們耗。

**別當「科技」媒體，當個「自」媒體。**

我覺得「如果你不知道明天要寫什麼，你才有可能一直寫下去」。創作者最好的狀態就是擁有自由和彈性，以及一定的時間壓力。如果創作變成了例行公事，你會漸漸感到這是一份工作。沒有人喜歡工作，我們只喜歡創作。所以當你掌握了思考組織又快速產出的能力後，要騙大腦這是自由創作，而非例行公事，製造一點點的慌亂感，找回宛若新手創作的浪漫。最好的創作者是**理性和感性**兼備，讓自己充滿人味。除了作品充滿活力，創作者自身也會感覺活著。唯有「活著」，你才能長期、穩定的輸出。

# 11
## 快樂的祕密

快樂的來源有很多種，對一般人來說，最庸俗卻最實際的快樂就是「有錢」。在人生到達一定境界之前，**收入**和**快樂**是成正比的，我之前也講過，收入越頻繁，心情就越快樂。如果你是上班族，每個月只有發薪日有收入，不如把收入拆成每週一次，快樂的頻率會增加。既然收入的頻率很重要，我們從每月一次的收入，到每週一次，再到每日都有進帳，那不是很棒嗎？等於天天有收入，天天都開心。我想，這就是生活快樂的祕密。

每年過年，家家戶戶都會貼春聯，在這麼多春聯裡，我特別喜歡右圖這個字，因為我覺得這個新年新希望非常的具體、非常的實際。

我去查了一下它的發音，網路上寫說唸「ㄇㄠˋ」，和「茂」同音。無論這是否鄉民亂掰的，我們姑且這麼唸吧，重點是它是一個組合字，拆解後為「日日有進財」，意思就是每天都有錢進帳 —— 你說，這是不是前述的理想生活呢？

有沒有人可以達到日日有進財的境界呢？滿多的，從 Uber 司機、到餐廳業者、到電商網站都可以。身為一個創作者，有沒有可能日日有進財呢？我認為是有可能的。

以我自己的《完全訂閱制》來說，平均一個月內大約有二十天都有收入，只要訂閱通知的 Email 一進來，我的心情在當下就**會開心**一下，所以基本上我每天都活在期待之中。簡單來說，創作者若想達成日日有進財，你需要兩個部分：「足夠的人」和「足夠的商品」。

首先，什麼是足夠的商品？你必須要有一個核心商品，或者以電商術語來說：一個**長銷商品**。我的付費電子報就是這個商品，我每天都可以在 FB 貼文登廣告，每天都可能有新訂戶加入，既有訂戶也會幫我介紹朋友加入，再加上由於我已經寫了兩年，每天都有人到期續約，這種訂閱制服務的好處就是「新的客戶加入，舊的客戶續約」，所以對外對內，每天都可以有錢進帳。

除了付費電子報以外，我還有一個「寫作精選包」能幫我帶來收入：兩個線上課程和一個實體課程。不過，這些收入活動無法維持太久的時間，也就是說，假設你只有一～二個產品的話，就只能每年固定選個幾天做活動，一年三六五天最多不超過三十天；但若有十個產品，每個產品做兩週，你就有 140 ／ 365 天在做活動，離日日有進財更接近了一點。

其實這概念一點也不新潮，每個電商網站不都是這樣嗎？如果該電商網站的品項很少，第一個缺點是活動期很短，不可能全年都在做特價，那就不叫特價啦！第二個缺點是買過該商品的人，要過一段時間才會回購，所以你無法讓同一個人天天花錢，也就無法天天賺他的錢。請把自己想像成一個電商業者，只是你賣的不是實體商品或服務，而是數位的知識產品。因為數位化，你不用寄實體商品出去，所以是可以自動化的。當你有了十項數位商品，你才有可能讓同一個人花十次錢，增加客人付錢給你的頻率。因此，一個知識工作者若想達到「日日有進財」的話，在架上擁有多項產品是很重要的。我建議大家每年至少要推出一個數位產品，十年後你就有十個了，其中的一、兩個就會變成你的核心長銷商品。

短期目標來說，至少也要擁有三個以上的商品，包括低價、中價和高價商品各一。接下來事情就變得比較**單純**，你要全心全

意的去衝人數、衝流量、衝能見度、衝觀看次數。當漏斗的下方（即產品）你已經布局好了，你做好接單的準備了，那就用力去做出流量，把漏斗的口擴大，抓越多人進來，就等於越多收入進來。

在電商界流傳一個公式：**流量 × 轉換率 × 客單價＝營業額**。當我們架上有產品，客單價是固定的，所以首先能做的是把流量變大，營業額就會變大。如果目標是日日有進財，也就代表每天都要有人進來，但怎麼確定每天都有人來看你呢？當然就是你每天都產出新內容啊！換句話說，當生財公式確定下來之後，你的日更投報率效果就很顯著。正如一個電商網站，廠商可能還要花錢買廣告 —— 如果你有錢的話也可以 —— 但你只要有產出內容，不花錢（變成花時間）也可以有廣告效果。

另外，就是要盡力優化「轉換率」。除了有足夠的商品之外，同樣重要且困難的是**相信你、願意跟你購買的粉絲**。但其實「粉絲」一詞並不精準，因為真正會買的人不一定是你的粉絲，那些人可能不會長年 follow 你；長年看你內容的人也不一定會自掏腰包，他們只是剛好需要免費的產品或服務而已。所以，我們心中要有一個圖像，「粉絲」和「客戶」是兩個大圓圈，只有一部分重疊而已。理論上，當「粉絲」的圓圈變大，重疊的部分也會變大。

好消息是，「足夠的產品」和「足夠的粉絲」兩者是相輔相成的。當你的內容更多，你可以公開一部分去吸引讀者，試圖把他們加到這兩個圓圈裡。但現實一點的說，你要優先照顧的是付費客戶，而不是只想看免費的粉絲。免費的內容給免費的粉絲，但最好的內容一定要留給付費客戶，這點一定自己要有清楚的界線。

最後，我也來創造一個公式：**足夠的產品 × 足夠的人流＝日日有進財**。這也是我的目標，我希望有朝一日能達到每天一萬元以上的進帳，然後在這個基底之上，再去創造其它短期、一次性的收入，追求高強度的快樂。

當你把目標放在貼在電腦前，或是其他顯而易見的地方，常常看到它，就會越容易達成目標。你看，我把「目標」貼在我家大門口（啊就春聯咩）！希望財神爺經過我家門口時，每天都可以進來坐一會兒。另外，工作的地方也要貼，抬頭就可以再次提醒自己 —— 要「**日日有進財**」喔！

國家圖書館出版品預行編目 (CIP) 資料

一人創富／于為暢著 . -- 初版 . -- 臺北市：遠流出版事業
股份有限公司 , 2021.09
　面；　公分
ISBN 978-957-32-9253-1( 平裝 )
1. 成功法 2. 財富
177.2　　　　　　　　　　　　　　　110013079

# 一人創富

推動財富飛輪，創造個人自由

作　　　者 —— 于為暢
總監暨總編輯 —— 林馨琴
責任編輯 —— 楊伊琳
行銷企畫 —— 陳盈潔
封面設計 —— 陳文德
內頁排版 —— 邱方鈺

發行人 —— 王榮文
出版發行 —— 遠流出版事業股份有限公司
　　　　　　地址：台北市中山區中山北路一段 11 號 13 樓
　　　　　　電話：（02）25710297　傳真：（02）25710197
　　　　　　郵撥：0189456-1
著作權顧問 —— 蕭雄淋律師

2021 年 9 月 1 日　初版一刷
新台幣定價 390 元　（缺頁或破損的書，請寄回更換）
ISBN 978-957-32-9253-1

遠流博識網
http://www.ylib.com　E-mail: ylib @ ylib.com